JN093031

発達障害お悩み解決ブック❺

家庭と保育園・幼稚園で知っておきたい

知的障害

市川奈緒子［監修］

ミネルヴァ書房

はじめに

●

言葉がなかなか出てこなかったり、会話が成り立たなかったり、同じ年の子が当たり前に身につけられることができなかったり。

子どもの成長が気になり始めると、保護者の皆さんは悩み、葛藤(かっとう)し、苦しむことになります。

子どもにハンディキャップがあるかもしれないと気づいても、なかなか、すぐには受け入れられないのは当然です。

一方、園では、先生の言うことがうまく伝わらなかったり、身の回りのことの自立ができていなかったりする子どもへの対応に翻弄(ほんろう)され、「親が障害を認めない」「協力してくれない」と困惑することもあるかもしれません。

でも、知的なハンディをもつ子が、自分のペースで生きていく力を身につけていくためには、家族はもちろん、園の先生や地域の大人がスクラムを組み、みんなで応援していく体制を築くことが不可欠です。

心強い応援団がいれば、たとえ人よりゆっくりでも、その子なりのペースで、必ず成長していきます。

そして、いずれは社会の一員として、必要なサポートを受けながら、幸せに暮らしていくことができるのです。

まずは、周りの大人がその子のペースを知り、本人がのびのび過ごせる環境をつくっていくことが、とても大切です。

子どもたちの成長を応援するために、
この本を通じて知的障害のことを知ってください。

発達障害お悩み解決ブック⑤
家庭と保育園・幼稚園で知っておきたい
知的障害

もくじ

第2章 こんなときどうする？ 保育園・幼稚園編

園でのエピソード

第3章 自分のペースで成長できるように 知っておきたい知的障害のこと

この本の構成

第１章 こんなときどうする？ ●おうち編
第２章 こんなときどうする？ ●保育園・幼稚園編

知的障害の子どもたちには、どんな行動がみられるのでしょうか？
８人の子どもたちのエピソードを参考に、
悩み事を解決する方法を紹介します。

最初のページ

第１章は家庭で、第２章は保育園や幼稚園で、よくあるエピソードを紹介しながら、状況をわかりやすく解説します。

次のページ

状況を整理し、どんなふうに対応すれば悩み事が解決できるのか、専門家と一緒に考えます。

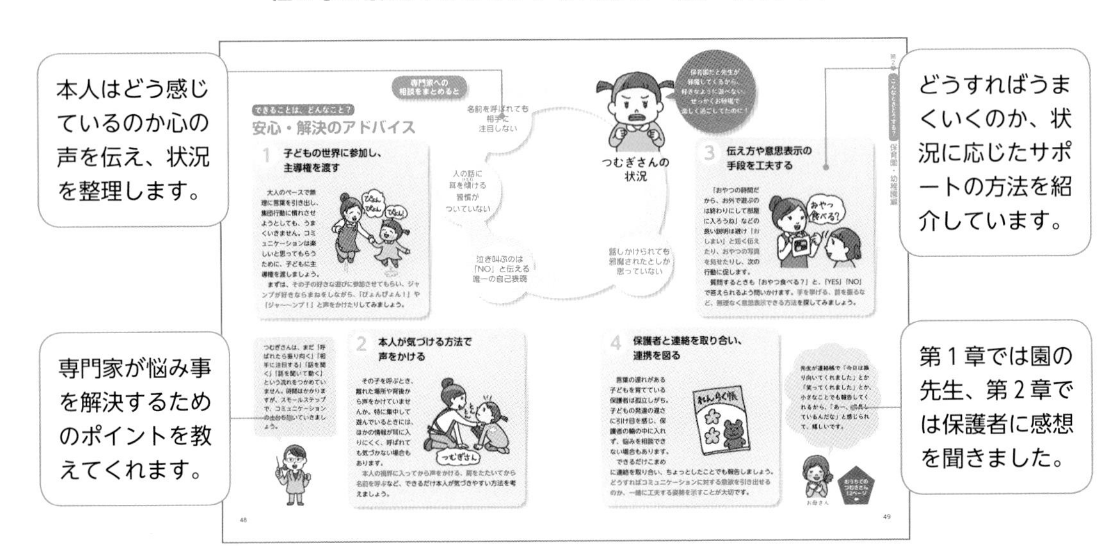

第3章 自分のペースで成長できるように知っておきたい知的障害のこと

この章では特性とその対応について、
専門家と保護者、園の先生の対話を交えながら、
さらに詳しく解説します。

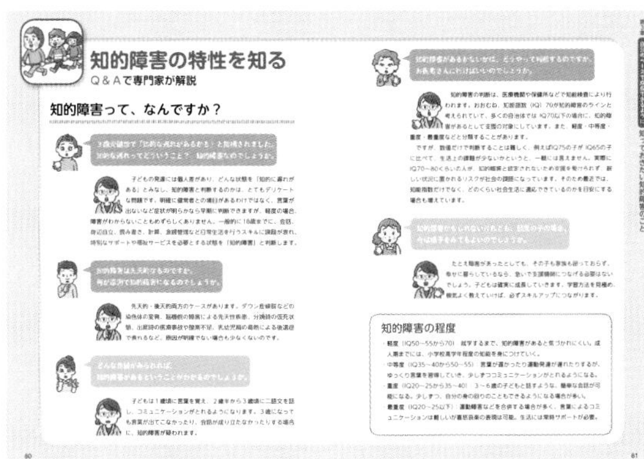

『特性を知る』では、知的障害とはなんなのか、どんな特性がみられるのか、専門家がQ＆Aで答えます。

『家庭でできること』と『保育園・幼稚園でできること』では、それぞれ家庭と園で可能なサポートのポイントを、5つずつまとめています。

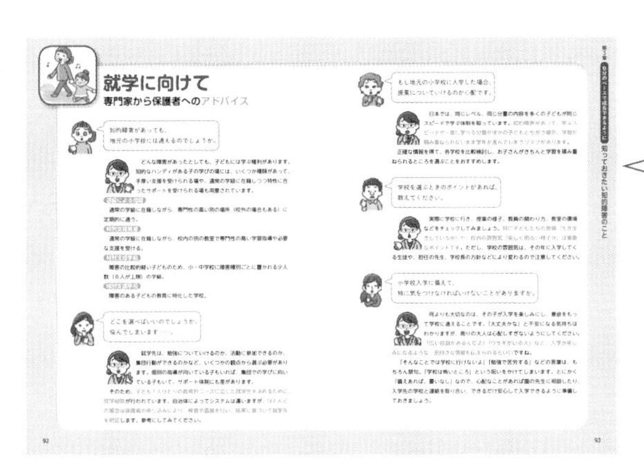

『就学に向けて』では、小学校入学に向けて保護者が気になっていること、知っておきたいことについて、専門家がQ＆Aで答えます。

この本に出てくる子どもたちの紹介

エピソード 1

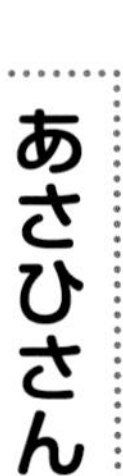

つむぎさん ●3歳

マイペースで、やりたくないことや気に入らないことがあると泣き叫んで嫌がる。３歳児健診では言葉の遅れを指摘されていて、名前を呼ばれても振り向かない。

エピソード 2

あさひさん ●5歳

会話はできないけれど、元気いっぱいで、いつもハイテンション。興奮すると動きが激しくなり、手がつけられなくなる。座って作業に集中するのも苦手。

エピソード 3

はるなさん ●5歳

おっとりしていてスロー。基本的な生活習慣がなかなか身につかず、手伝ってもらうのが当たり前になっている。１人で着替えられず、おむつも手放せない。

エピソード 4

いつきさん ●4歳

赤ちゃんの頃から、こだわりが強い。たびたびパニックを起こし、同じ質問を繰り返すこともあり、自閉スペクトラム症（ASD）の可能性を指摘されている。

エピソード 5

あんなさん

●3歳

優しい性格だけど、ちょっぴり神経質で、食べ物や大きな音など、苦手なものが多い。園で始まった運動会の練習も嫌がっていて、まったく参加しようとしない。

エピソード 6

たすくさん

●3歳

活発で好奇心旺盛(おうせい)。少しの間もじっとしていない。好きなものを見つけたり、苦手なものと遭遇したりすると、すぐに走り出すので、集団行動が難しい。

エピソード 7

ももかさん

●3歳

ナイーブで繊細(せんさい)なタイプ。寝つきが悪く眠りも浅く、ちょっとしたことで起きてしまうので、園でお昼寝ができない。興奮すると、服を脱いでしまうクセがある。

エピソード 8

いっぽさん

●5歳

ひとなつっこくて、遊ぶのが大好き。ただ、好きな人につきまとい、嫌がられることがある。おしゃべりが苦手なので、ケンカになると手が先に出てしまう。

第1章

こんなとき どうする?

おうち編

知的なハンディがある子どもの成長は、
他の子よりも、ゆっくりです。

でも、その子が何につまずいているのか、
どんなことが難しいのかを知り、
根気よくサポートすれば、確実に成長していきます。

ここでは家庭での接し方のポイントを、
知っておきましょう。

会話が成り立たず、コミュニケーションが難しい

つむぎさんは、３歳児健診で言葉の遅れを指摘されました。話しかけても通じない様子で、ほとんど会話ができません。自分が欲しいものがあったり、大人に何かしてほしいことがあったりすると、手を引っ張って連れていき、やってもらおうとします。そして自分の思う通りに動かないと、癇癪（かんしゃく）を起こし泣き叫びます。

例えばスーパーで自分の欲しいお菓子があると、「買って」と言わず、黙ってお母さんの手を取り、お菓子をカゴに入れます。お菓子を食べすぎるので、「今日は買わないよ」と伝えても通じず、棚にお菓子を戻しても、あきらめてくれません。あげくの果てには、お菓子を投げ、床に寝転んで泣き叫びダダをこねることもあります。結局、根負けして買ってしまう悪循環になっており、お母さんは困り果てています。

私の言うことは何ひとつ聞いてくれないのに、自分がやりたいことや欲しいものがあるときには、私に無理やりにでもやらせようとするの。私のことは、便利な道具か何かだと思っているんじゃないかなぁ。「ママ」って呼んでくれたこともないから、悲しい。

どうして、こうなる？ 専門家に相談

コミュニケーションを楽しむ経験を増やす

つむぎさんは、まだ、**「言葉」が人にとって大事なコミュニケーションの手段のひとつだということに気づいていない**ようですね。

話しかけても関心を示さないので、そうかもしれません。どうやったら言葉を引き出せるのでしょうか。

無理に言葉を引き出すより、「コミュニケーションは楽しい！」という経験を積むことが大事。子どもは、人との豊かなコミュニケーションを経験することで、潜在能力を発揮していきます。

でも、つむぎは普段、私の言うことは聞いてくれず、本人が何かやってもらいたいときには、私の手を取ってやらせようとします。

それは**言葉の発達が遅い子にみられる「クレーン現象」**と言われるもの。コミュニケーションの手段のひとつなので、クレーン現象そのものを全否定する必要はありません。

だけど、私が思うように動かないと癇癪を起こします。「買わないよ」と伝えてもわかってもらえず根負けしてしまうんです。

コミュニケーションへの意欲をはぐくむには、大人の対応が肝心。伝えたことが受け止められたという経験を増やす一方で、**よくない方法で要求を通そうとした場合は、一貫して応じないように**しましょう。

そうなんですね。どんなふうに接していけばいいのか、具体的に知りたいです。

専門家への
相談を
まとめると

ほとんど言葉を
話さない

ママが思い通りに
動いてくれないと、
困るし、
イヤな気持ちになる。
どうして、
わかってくれないの？

言葉が
コミュニケーション
のツールだと
気づいていない

つむぎさんの
状況

大人の手を
引っ張り、
何かをやって
もらおうとする

要求が通らないと
癇癪（かんしゃく）を起こして
泣き叫ぶ

つむぎさんは、まだ、言葉が大切なコミュニケーションの手段であり、要求を通すためには言葉を使い交渉する必要があることに気づいていません。まずは、生活の中で、豊かなコミュニケーションを重ねる機会をつくっていきましょう。

できることは、どんなこと？

安心・解決のアドバイス

1 豊かなコミュニケーションを重ねる

言葉が遅い子の場合、「コミュニケーションは楽しい」「うまくいった」という成功体験を積むことが大事。話し言葉だけではなく視線・表情・身振りなどもコミュニケーションとしてとらえ、意思表示を見逃さないよう気をつけましょう。そして**子どもの行動をまねしてみたり、気持ちを言葉に表したりしながら、大人もコミュニケーションを楽しむ**ように心がけます。

2 その子の気持ちを受け止め、意思表示の方法を教える

本人が要求を通したいと思っているときこそ、コミュニケーションを図るチャンス。お店でお菓子を取ろうとしたら「これほしいのね」と気持ちを言葉にして受け止めます。意思表示が難しい子の場合は、手を取って、ほしいものを指差す動作や、ちょうだいの身振りを教えるなどします。「伝えようとしたことが受け止めてもらえた!」経験を増やしていくのが大切です。

3 泣いても、要求には応じない

「お菓子を買わない」と決めている場合は、お母さんの手をつかみお菓子を取ろうとしても、さりげなく手をほどき、応じないことを伝えます。そこで本人が泣き出したら、抱っこしてでも、その場を離れましょう。「ダダをこねたら要求が通る」という間違った習慣をつくらないためには、大人が一貫した態度を示すことも必要です。

4 本人にわかりやすいルールを示す

どんなときにお菓子が買えるのか、例えば「お父さんと一緒ならOK」「コンビニはNG、スーパーはOK」など、本人にわかりやすいルールをつくりましょう。買える日には事前にお菓子の空き箱などを見せ、「今日はOK」と示すのもポイント。「お菓子が買えるのか」「買えないのか」という情報に注目し、お母さんの発信に耳を傾(かたむ)けるようになっていくはずです。

つむぎさんは園でも、自分のやってほしいことが通らないと、癇癪を起こすことがあります。コミュニケーションの成功体験を積み重ねていけるように、私たちも心がけていきますね。

園での
つむぎさん
46ページ ➡

興奮すると、うなりながら大騒ぎしてしまう

つい先日、5歳になったばかりのあさひさんには知的障害があり、普段から落ち着きがなく、じっとしていられません。元気がいいのはよいのですが、テンションが上がってしまったときなどに輪をかけて動きが激しくなり、同じ行動を繰り返し、手がつけられなくなることがあります。

日曜日、お父さんと一緒に大好きな電車に乗って、水族館に行ったときのこと。興奮したのか、狭い電車の中を「うーっ、うーっ」とうなりながらグルグル回り、ぴょんぴょんジャンプして大騒ぎ。周囲の人の視線が気になり、お父さんが「やめて」と注意しても、止まりません。近くのおじさんに思いっきりぶつかり、「危ないじゃないか！」と怒鳴られてしまいました。水族館に着く前から、お父さんはヘトヘトです。

普段から、じっとしていられない子なんだけど、興奮すると手がつけられなくなる。家ならまだしも、電車の中でも大騒ぎ。止めることができないから、周りの人に迷惑をかけてしまった……。

どうして、こうなる？ 専門家に相談

コントロールする力を身につけていこう

あさひさんのように同じ行動を繰り返すことは、常同行動と言います。**体を揺すったり、手をバタバタさせたり**、行動の中身はさまざま。**顔を叩く、目を突く、手を噛むなどの自傷がともなうケース**もあります。

同じ行動を繰り返すことにも、
いろいろなパターンがあるんですね。
原因は、なんなのですか。

原因はさまざまですが、
その子にとって好みの刺激を自分自身に加えることで、気持ちを安定させる作用があるようです。

「やめなさい」と注意しても聞いてくれず、
どんどんエスカレートしていくので、
本当に困っています……。

自分の体をコントロールする力がまだ育っておらず、本人は止めることができません。**特にテンションが上がっているときなどに常同行動が出る子が多く、お父さんとの外出が楽しくて興奮してしまった**のかもしれません。

楽しいのは何よりだけど、
周りの人に迷惑をかけるので、なんとかやめさせたいのです……。
どうすれば、止められますか。

その場で止めるのは、難しいかもしれません。とっさの対応が難しくなる前に、**普段から自分をコントロールする力をつける練習**をしておきましょう。そうすれば、少しずつ止められるようになっていきます。

そうなんですね。
どうやって練習すればいいのか、
教えてください。

専門家への
相談を
まとめると

普段から
落ち着きがなく、
じっとして
いられない

電車も水族館も、
大好き！
パパと水族館に行くのが
嬉しすぎて、ちょっと
やりすぎちゃったかな？

興奮すると、
跳ねたり
回ったりを
繰り返す

あさひさんの
状況

自分では、
行動を
止められない

注意すると、
かえって
エスカレートする

常同行動は、不安を解消したり、気持ちを落ち着けるためにやっていたりする場合もあるので、すべてを止める必要はありません。NGな場面で止めることができるよう、自分の体をコントロールする方法を身につけるサポートをしましょう。

できることは、どんなこと？

安心・解決のアドバイス

1 ギューッと抱き締めて動きを止める

自分の体をコントロールすることが難しい子に言葉をかけて制止しようとしても、自分で動きを止めることはできません。

どうしても止めたいときは、「やめようね」と穏やかに声をかけながら、ギューッと抱き締めて動きを止めます。子どもが安心できるよう、大人のほうが落ち着いて行動することがポイントです。

2 自分の体を意識できる、機会を増やしていく

体をコントロールすることが難しい子の場合、外部から入ってくる刺激や感覚を適切に取り入れられず、筋肉を緊張させたりゆるめたりするのが苦手なことがあります。

日常生活や遊びの中で、自分の体を意識する機会を増やします。**タオルで体をゴシゴシこする、マッサージをする、狭いところをくぐる**などが効果的です。

3 体の動きを止める感覚を得られるような遊びをする

もしかしたら、体の動きを止めるという感覚が、そもそも理解できていないのかもしれません。その場合は、例えば膝立ち（ひざだち）など、じっと静止する遊びをしましょう。膝を床について立ち続けるだけですが、意外とグラグラしてしまい、姿勢を保てない子もいます。**「10数えるまで」「1分間」など目標を決めて、少しずつ時間を延ばしてみましょう。**

4 落ち着ける方法を考えておく

興奮してしまいそうな場合「深呼吸する」「音楽を聴く」など、事前に落ち着ける方法を考えておいたり、「トイレに行く」など落ち着ける場所を探しておいたりします。また、本人の好きな感覚をもたらすグッズやぬいぐるみなどを準備しておくのも、おすすめ。**テンションが上がりそうなときに握ったり、抱き締めたりすることで、気持ちを落ち着かせる**ことができます。

あさひさんは、園のお散歩でも興奮してしまうことがあります。自分の動きをコントロールできるように、園でも体の感覚を感じることができる遊びの機会を増やしていきますね！

園でのあさひさん 50ページ ➡

外出先でトイレを嫌がり、おむつが手放せない

5歳のはるなさんは、おっとりしていて、どちらかというとスローなタイプ。1年前からトイレトレーニングを始めたのですが、いまだにおむつが外れません。家では、寝るとき以外はパンツをはき2時間おきにトイレに連れて行っていますが、もじもじするだけで「おしっこ」と訴えないので、うまくいく確率は3割ほど。外出先ではトイレに入るのを嫌がり、おもらしをすることが多いため、おむつが手放せません。

同じ年でおむつが外れていないのは、はるなさんだけなので、先生から「園では、パンツで過ごしましょう」と言われ、トレーニングパンツをはかせることに。ですが園でもトイレを嫌がるため、毎日のようにおもらし。汚れたパンツやシーツを洗濯しながら、「このままでいいのかなぁ」とお母さんは不安がっています。

外ではトイレに行くのを嫌がるので、パンツをはかせると、おもらししちゃう。内気なのか「おしっこ」とも言えないし、おむつにしておいても、濡れたままの状態になってたりして。このままで、いいのかなぁ。

どうして、こうなる? 専門家に相談

発達の個人差、感覚のにぶさ・鋭さがある

はるなさんのトイレトレーニングが、
うまくいっていないため、
お母さんは悩んでいるんですね。

そもそも言葉が遅いのか内気なのか、
「おしっこ」と意思表示することもないのですが、
はるなにはまだ早かったのでしょうか。

一般的にトイレトレーニングの開始は2～3歳頃。膀胱(ぼうこう)に尿をためておけるように発達していることが条件ですが、個人差があるため一概にOKとは言えません。**焦らず、その子のペースで進めていくことが大事**です。

家にいるときは2時間おきにトイレに行くことで成功することもあるのですが、声をかけなければ、おむつが濡れてもそのまま。気持ち悪がる様子もありません。

はるなさんの場合、感覚もまだ充分に発達しておらず、**「おむつが汚れて気持ち悪い」という感覚や、尿意などを感じ取ることができない**のかもしれません。

園ではトレーニングパンツをはかせていますが、
なぜだか家のトイレ以外に入ることを極端(きょくたん)に嫌がるので、
うまくいきません。

感覚の鈍麻(どんま)(にぶさ)と過敏を両方もっている場合もあります。もしかしたら**一部の感覚だけが鋭くて、外出先のトイレの音や匂いなどが苦手**なのかもしれません。

そういう可能性もあるんですね……。
なんとかしたいので、
よい方法を教えてください。

専門家への
相談を
まとめると

「おしっこ」と
意思表示が
できない

尿意や、
皮膚の感覚を
つかむ力が弱い

音や匂いなどの
感覚には
過敏がある

外出先の
トイレを
こわがる

おむつが汚れても
気にならないけど、
外のトイレに
入るのは、
こわい。

はるなさんの
状況

はるなさんは外出先のトイレを「こわい」と感じていて、積極的に「おむつを外したい」、「おむつが汚れて気持ち悪い」と思ってはいないようです。はるなさんが前向きにトイレトレーニングに取り組めるよう、工夫しましょう。

できることは、どんなこと？

安心・解決のアドバイス

1 焦らず、叱らず、おおらかな心で臨む

大人の焦りが伝わると、子どもは自信を失ったり萎縮したりして、トイレトレーニングに対してネガティブなイメージを持つことになり、余計にうまく進められなくなります。トイレトレーニングは、失敗を重ねながら、その子のペースで進んでいくもの。**発達には個人差があることを念頭に、失敗はおおらかな心で受け止め、できるだけ楽しく取り組みましょう。**

2 筋肉をつけるために、歩く機会を増やす

頻繁(ひんぱん)におもらしをしてしまう場合は、膀胱(ぼうこう)やその周りの筋肉がまだ充分に発達しておらず、コントロールする力も弱いのかもしれません。筋肉をつけるために手軽に取り組めるのは、歩くことです。**園から家まで歩くことにしたり、お散歩に行ったり**、生活の中で歩く機会を増やしましょう。

3 皮膚の感覚をはぐくむ機会を増やす

おもらしでパンツを汚したときは、見方を変えれば快・不快のちがいに気づくチャンスです。**怒るのではなく「ベタベタするね」「気持ち悪かったね」などと声をかけながら体をふき**、着替えさせましょう。

そのほかにも、泥んこ遊び、マッサージなどにより、皮膚の感覚をはぐくむ経験を重ねることも大事です。

4 外出的で安心してトイレに入れるよう工夫する

外出先でトイレに入るのを嫌がる場合、水を流す音や、ハンドドライヤーなどが苦手で「トイレがこわい」と感じている場合もあります。外でトイレに入るときは、**心の準備ができるように「中に入ったら、水の音や機械の音がするよ」と予告したり、「これが音の出る機械だよ」と教えたりしましょう**。また、イヤーマフなどを使用するのも、ひとつの方法です。

園のトイレは薄暗いし、ゴーゴーと水を流す音が響くのがこわいと感じる子は、他にもいるみたいです。安心してトイレに行くことができるように、工夫してみますね。

園の先生

園でのはるなさん 54ページ ➡

こだわりが強く、少しの変化で大パニック

ものごころついたときからこだわりが激しく、会話が苦手で、自閉スペクトラム症（ASD）の可能性を指摘されているいつきさん。青が好きで青色の服しか身につけず、他の色の服は激しく拒絶。家具や物を置く場所は厳密に決まっていて、毎朝チェックする習慣があり、少しでも位置がずれていると泣いて怒ります。

外出先でも、歩道の左端を歩くルールがあって、ベビーカーなどが前から来ても絶対によけない、商店街にある店の自動ドアをすべて開けないと気が済まない、エレベーターに乗るときは全部のボタンを自分で押したがり他の人が押すとパニックになるなど、いくつもこだわりがあります。自宅から駅に行くルートも同様で、別の道を通ることも寄り道することもできず、お母さんは閉口しています。

家の中だけならまだしも、外でもこだわりが増えていて、駅前のスーパーに買い物に行くだけでも、ひと苦労なの。自分の思い通りにならないとパニックを起こすので、周りからの冷たい視線も気になります……。

どうして、こうなる？ 専門家に相談

OKとNGのこだわりを見極めて対応する

いつきさんの強いこだわりに、
お母さんは
参っているのですね。

朝は家具の位置のチェックからスタートし、棚に置いてある食器や冷蔵庫の中まで、少しでも場所がちがうと、すべて置き直しています。とても時間がかかるので、園に遅れることもあるんです。

ASDの子の中には「変化」に大きなストレスを感じる子もいます。
些細(ささい)なことでも、
自然に変化を受け入れることができないのです。

確かに変化が苦手で、「いつもと同じじゃなきゃイヤ」なようです。けれども、それだけではなく、「エレベーターのボタンを全部押す」などのこだわりが、どんどん増えていっている気がします。

好きなことへの固執やマイルールとして表れることもあります。すべてがNGではないので、**周囲や本人が困らないこだわりは、そのままでもOK**。ただ、お母さんが困っているなら、減らしていく方法を考えましょう。

こだわりを減らしたいけど、やめさせようとすると
「やだー！」とパニックを起こし、
自分のこだわりを貫(つらぬ)こうとするので、困っています。

その場でやめさせるのは難しいので、**自宅で落ち着いているときに、いつきさんがわかる方法で、新しいルールを提案してみる**といいでしょう。本人が納得できれば、協力してくれるはずです。

そんなことができるんですか。
いつきのためにも、
その方法が知りたいです。

専門家への相談をまとめると

青色の服しか着ないなどこだわりが強い

いつもとちがうことが起きたり、自分で決めてることをやらせてもらえなかったりすると不安になるんだ。

些細（ささい）なことでも変化に弱い

いつきさんの状況

マイルールを壊されるとストレスを感じる

言葉の理解が遅く、否定されるとパニックになる

こだわりは、本人が安心して生活するためのルールだったり、自分の好きなことだったりするので、すべてなくす必要はありません。周りが困っていたり、こだわりによるパニックが頻発（ひんぱつ）したりする場合は、対応策を考えてみましょう。

できることは、どんなこと？

安心・解決のアドバイス

1 変更するときは、必ず本人に相談する

特にASDの子の場合、マイルールを他人に崩されるのがとても苦手な場合があります。片づける場所を変える、ルートなど何かを変更するときには、必ず事前に本人と相談することを心がけます。**実際にその場所に置くのを見せたり、写真などで示したりします。**

「絶対に動かしてほしくない」と本人が訴えるなら無理強（むりじ）いせず、少しずつ慣れるようにしていきます。

2 生活に支障がないこだわりは受け入れる

例えば「青の色鉛筆しか使わない」など生活に支障がないものや、「青いシャツしか着ない」など準備すれば対応できるこだわりなら、本人が安心して生活するために、受け入れるようにしましょう。

「日常生活に支障をきたすほど、周囲や本人が困っているかどうか」が、見極めるポイントです。

3 ルートマップを使い、予定は事前に伝える

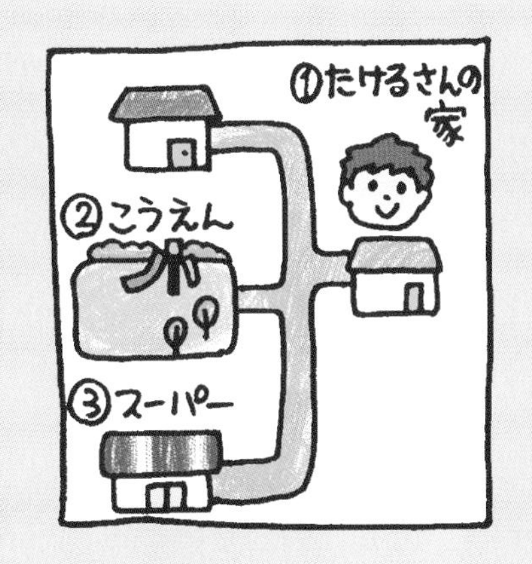

いつもとちがうルートを使うときなどは、事前に「今日は、公園に行く前に、たけるさんの家に行くよ」「最後に、スーパーで買い物に行きます」など、予定を示しておくことが大切です。

特に道順にこだわりがある場合は、**ルートマップを作成し、本人にマップを見せながら予定を伝える**のがおすすめです。

4 ルールを決めて、少しずつ減らす

自動ドアやエレベーターのボタンを押すのが好きで、周りに迷惑をかけてしまう場合、**「エレベーターのボタンを押すのは自分が降りる階だけ」「自動ドアは3回まで」**など、事前にルールを決め、約束しておきましょう。約束が守れたときには、「お菓子を買う」などのご褒美があるといいかもしれません。目標を決めて、少しずつ減らせるようにしていきましょう。

園でも電気のスイッチを消して回るなどのこだわり行動があり、思う通りにできないとパニックを起こすことがあります。パニックを減らせるよう、対応策を考えますね。

園の先生

園でのいつきさん 58ページ ➡

食事に集中できず、マナーを守れない

赤ちゃんの頃から神経質なところがあるあんなさんは、「食事」が苦手な様子。好き嫌いが多く、ほとんどの野菜や果物、ひき肉以外のお肉を食べることができません。お母さんは、あんなさんに少しでも食べてほしいと工夫していたのですが、嫌いなものは口にしようとせず、無理に食べさせようとすると、ベェーッと吐き出してしまいます。

また、食事のマナーを身につけさせるため、スプーンとフォークを握らせようとしても、すぐに放り出して手づかみ。食べるのに飽きると、粘土のようにこねたり、ぐちゃぐちゃにしたりしてしまいます。「こぼさないで！」「ちゃんと食べて！」と、ずっと注意されてきましたが、今ではお母さんが根負けし、朝も夜も、手づかみで菓子パンばかり食べる毎日です。

「少しでも食べてほしい」「食事のマナーを覚えてほしい」と思って、がんばっていたけど、もう、疲れてしまった……。朝も夜も菓子パンという生活になっちゃったんだけど、このままでいいのかな。

どうして、こうなる？ 専門家に相談

食べないもの・食べるものには理由がある

あんなさんは**筋力が乏しく、噛むことや飲み込むことが得意ではない**のかもしれません。スプーンも上手に使えないため、食事の時間が長くなり、集中力が続かず、途中で飽きてしまうのです。

ちゃんと食事をさせようと努力していたのですが、好きなものしか食べようとしないし、嫌いなものは吐き出してしまいます。

食べたくない場合に**「イヤだ」と言葉で意思表示できないので、吐き出してしまう**のでしょう。

少しでも食べてほしくてカレーとか、ハンバーグとか、子どもが好きそうなものを作ってみるのですが、偏食も治りません……。

もしかしたら、**前に食べたもので「匂い」や「見た目」、口に入れたときの「食感」などが苦手で、「おいしくなかった」という記憶が残っている**のかもしれません。一度、嫌な経験をすると、食べるのに勇気がいるのです。

じゃあ、お菓子や菓子パンなどジャンクフードはモリモリ食べるのは、どうしてなのでしょうか。

コンビニで買える菓子パンや、冷凍食品やレトルトなどのインスタント食品なら食べられるという子は、めずらしくありません。なぜなら、**常に同じ味なので安心できる**からです。

そういう理由があるんですね。だけど、このままでいいのでしょうか。栄養も偏ってしまうし、大丈夫なのかなぁと心配です。

専門家への相談をまとめると

苦手な食べ物が多く、菓子パンばかり食べている

匂いとか味とかがぐちゃっとして気持ち悪いし、苦手なものが多いから、食事の時間は大嫌い！

筋力が乏しく、噛む力や飲み込む力が弱い

あんなさんの状況

不器用で、集中力が続かず途中で飽きてしまう

意思表示ができないので、食べ物を吐き出してしまう

あんなさんには苦手なものを食べて「イヤだった」という記憶が強く残っており、慣れない食べ物に抵抗があるようです。噛んだり飲み込んだりするための筋力も発達途中なので、食事に時間がかかり、食べることを楽しめていません。

できることは、どんなこと？

安心・解決のアドバイス

1 一緒に食卓を囲むことを楽しめるようにする

食事は「楽しい時間」であることが第一。「ちゃんと食べなさい」と叱ったり、無理強いしたりすると、一緒に食事をすること自体が苦痛になります。

特に「まずい」と感じたことで、食べることがトラウマになっている場合、**まずはその場でリラックスして、食事を楽しめるようになることが大事。**ジャンクフードでも、おいしく食べられるものは貴重です。

2 食事の時間を短縮する方法を考える

筋力が乏しいことで、うまく食べられず集中力が続かない場合、**噛みちぎりやすいサイズにカットする、ミキサーでつぶす**などの工夫をしましょう。

また、不器用なため時間がかかっている場合は、**グリップが大きく持ちやすいスプーンを用意したり、机や椅子の高さを調整したりする**ことで、苦手意識をやわらげることができます。

3 嫌いな原因を考え、調理法を工夫する

食べられないものが多い子の場合、どんな食材が苦手なのか、味・食感・匂い・温度などの何がネックになっているのか、原因を突き止めましょう。原因がわかれば、**「食感が残らないようにすりおろす」「匂いが強いものは好物のミルクで煮る」「生姜(しょうが)や香辛料で匂いを消す」**など、調理方法を変えてみることで、食べられるようになる場合があります。

4 意思表示できるような方法を用意する

「イヤだ」と言えないことで、食べ物を吐き出したり遊んでしまったりする場合は、**「苦手な食べ物があったら、お皿をよけて」と教え実際にやって見せたり、食べたくない食材を取り出して入れるお皿を用意したり、本人が「食べたくない」ことを意思表示できる方法**を考えます。吐き出す以外の方法で「イヤだと伝えられた！」という経験に変えていくのが大切です。

あんなさんは園でも、給食にはほとんど手をつけません。少しでも、あんなさんが「みんなと食事をして楽しかった！」と思える機会をつくっていけるといいな。

園でのあんなさん 62ページ ➡

いきなり、走り出すことが多い

3歳になったばかりのたすくさんは、元気いっぱい。赤ちゃんの頃から、とにかく落ち着きがなく、じっとしていることができません。近所にお買い物に行く道すがら、自分の好きなバスやトレーラーを見つけると、止める暇もなく走り出し、信号を無視して道路を渡ったり、自転車や人にぶつかったり。「危ない！」「走らないで」と注意しても聞く耳をもちません。

迷子になるのも日常茶飯事（さはんじ）。先日、近くの公園まで散歩に出かけたときのこと。サイレンを鳴らしている救急車と遭遇したのですが、なぜかものすごいスピードで逃げ出し、「待って！」と追いかけるお母さんに目もくれず、公園とは反対方向に走り去ってしまいました。近くの交番のおまわりさんに保護され無事でしたが、お母さんにとっては背筋が寒くなる体験でした。

歩き始めた頃からほとんどじっとしていなくて、動き回るし走り回る。車にぶつかりそうになったり、高いところから飛び降りたり。少しでも目を離すと迷子になってしまうので、気が休まりません。

どうして、こうなる？ 専門家に相談

衝動的に行動した結果を予測するのが難しい

たすくさんは、相当に動き回ってしまうタイプのようですね。**衝動性が強くて我慢ができず、気になることや思いついたことがあると、すぐに行動に移してしまう**のでしょう。

好きなバスを見つけると、道路に飛び出すのでハラハラしちゃいます。何度「危ない！」って注意しても、聞いてくれません。

きっと、**行動した結果を予測できない**のでしょう。いくら「危ない」と言われても、ピンと来ていないのかもしれません。

この間、公園まで散歩に出かけたときも、救急車がサイレンを鳴らして近づいてきたら、ものすごいスピードで逃げ出し、迷子になってしまったんです……。

それは、怖かったのかもしれませんし、音に対する過敏があるのかもしれません。**衝動的な行動の背景に、感覚の過敏が隠れていることはめずらしくない**のです。

そう言われてみれば、赤ちゃんの泣く声や犬の鳴き声を聞いて走り出すこともあります。仕方がないのかもしれないけど、私の体力もついていかないし、たびたび迷子になって周りにも迷惑をかけています。

たすくさんが自分の衝動を抑え、我慢できるようになるには、少し時間がかかるかもしれません。でも**行動の理由を知り、危険な行動を減らす工夫は、今すぐにでもできます。**

そう言ってもらえると救われます。どんな工夫があるのか、具体的に教えてください。

専門家への
相談を
まとめると

好きな車を
見つけると、
信号も無視して
走り出す

思いついたら、
体が先に動いちゃう。
「危ない！」って
言われても、
走り出したら
止められないんだ。

サイレンの音に
反応し、
急にその場から
逃げ出した

たすくさんの
状況

危ない
という注意を、
理解できて
いない

自分では、
行動に
ブレーキが
かけられない

たすくさんは衝動性が強く、「走りたい」などと思いついたらブレーキをかけることが難しいようです。苦手なものがあった場合も、あとさき考えずその場から逃げ出してしまいます。危険な状況を減らせるよう考えてみましょう。

できることは、どんなこと？

安心・解決のアドバイス

1 禁止するだけでなく興味・関心を満たす

危険な行動を減らすためには、たすくさんの「バスやトレーラーが大好き！」という興味・関心を満たすことも必要です。例えばお買い物の前に、少しだけ寄り道して、バス停にバスを見に行きます。コミュニケーションが可能なら、**「バスが見たいんだね」「じゃあ、お買い物の前にバスを見に行こうね」「手をつないで走らないでね」**など事前に約束しておきましょう。

2 何が危ないのかを理解してもらう

注意しても行動が変わらない場合、「危ない！」という言葉が抽象的でイメージしにくいのかもしれません。できれば**イラストや絵本、動画などを使い、「何が危ないのか」「どんなことが起こり得るのか」、イメージしやすいように教えましょう。**「車にひかれたらケガをする」「ケガをしたら痛い」ということを理解してもらうことが大事です。

3 体を動かして遊べるような機会を増やす

衝動性が強かったり、片時もじっとしていられなかったりする子の場合、できるだけ、**外遊びの時間を増やし、思いっきり体を動かす機会を設けましょう。**

遊びながら自分の体をコントロールする機会を増やすことで、だんだん気持ちのブレーキもかけられるようになっていくはずです。

4 苦手な音などに対処する

好きなものを見つけたときだけでなく、苦手な音などがあり、その場から逃げるために走り出す場合もあります。

外出先で赤ちゃんの泣く声や犬の鳴き声、救急車のサイレンに反応して耳を塞(ふさ)ぐなどの行動がみられる場合は、聴覚の過敏の可能性があるので、イヤーマフなどを活用してみるのも、ひとつの方法です。

園でも、お散歩の途中で走り出すなど危ない行動が多いので、気になっていました。集団行動の中で、少しでもブレーキがかけられるようになっていくと、いいですね！

園でのたすくさん 66ページ ➡

寝つきが悪く、生活リズムも整わない

3歳のももかさん。言葉が出るのは遅かったのですが、少しずつコミュニケーションがとれるようになり、生活習慣も身についてきました。悩みの種は「寝てくれないこと」。赤ちゃんの頃から眠りが浅く、ちょっとしたことですぐ起きる子でした。深夜まで遊びに付き合い、泣くのを抱っこして朝を迎えた日も。

はじめのうちはお母さんも「こんなものなのかな」「そのうち楽になるはず」と思っていましたが、なかなかまとまった睡眠がとれず、苦労する日々。朝起きるのも苦手で、泣いて嫌がることもあります。寝不足なので疲れやすく、日中はぼーっとしていたりウトウトしたり、不規則な時間に寝てしまったり。また夜に眠れなくなることも多く、お母さんは「小学校に入るまでには、どうにかしたい」と悩んでいます。

「そのうち楽になるはず……」と思っていたのだけど、3歳になった今でも寝つきが悪くて、夜に起きてしまい、また眠れなくなることも多いの。園でもいっさいお昼寝はできてないみたい。

どうして、こうなる? 専門家に相談

刺激に敏感で、眠りが浅い

お子さんがぐっすり寝てくれないと、
親御さんも寝不足になり、
体力的にも精神的にもつらいですね。

**つらいだけじゃなく、赤ちゃんの頃は夜泣きもひどかったので、
近所迷惑になっているんじゃないかと不安でした。
今でも、心配です。**

赤ちゃんは眠りが浅いので、夜泣きをするのは当たり前とも言えます。ただ通常、3歳くらいまでの間に睡眠リズムは確立されます。ももかさんは、まだ睡眠リズムがついていない感じなのですか。

**赤ちゃんの頃よりはよくなったのですが、
なかなか眠れなかったり、短時間で起きて泣いて……、
というのは続いています。**

それは大変ですね。でも、ハンディのある子が睡眠の問題を抱えることはめずらしくなく、特に**発達障害の場合、睡眠障害がみられる割合は50%近くに上る**と言われています。

**そうなんですね。寝る前はテレビを見せない、
早起きさせるなど努力していますが、
どうして眠ってくれないのでしょうか。**

お子さんによって理由はさまざまですが、**感覚が過敏で刺激に反応してしまう、体をうまくコントロールできていない、体内時計が整っていない**など、いくつかの原因が考えられます。

**園でもお昼寝できないので、日中は疲れやすく、
ウトウトしていることがあるのも心配です。
いい対応策があれば教えてください。**

専門家への相談をまとめると

赤ちゃんの頃から、寝つきが悪く、眠りも浅い

「早く寝なさい」って言われるけど、寝ようとするといろんなことが気になって、眠れないの。

ちょっとしたことで、深夜に何度も起きてしまう

ももかさんの状況

朝が苦手で、起きるのを嫌がる

日中は疲れやすく、ウトウトしていることもある

ももかさんは音や光などの刺激に敏感で、眠ろうとしても灯りや話し声などが気になり、なかなか眠れず、ちょっとしたことで起きてしまうようです。ももかさんが安心して眠れる、静かで穏やかな環境を整えていきましょう。

できることは、どんなこと？

安心・解決のアドバイス

1 刺激を減らし、穏やかな環境をつくる

光・音・気温・匂い・振動など、その子がどんな刺激に反応するのか観察します。例えば光に敏感な場合、ベッドの周りを天蓋や布で覆う、テントや寝袋・押し入れなどなら眠れる子もいます。真っ暗のほうがいい子もいれば、暗闇が怖い子もいるので照明の調整が必要です。隣室や外の音が気になる場合は、ノイズキャンセリングのヘッドフォンなどを使用してみます。

2 「おやすみの儀式」を考えてみる

どんなことをすれば眠りやすいのかを考えます。**絵本を読む、子守唄をうたう、お祈りをする、背中をトントンする、頭をなでる、マッサージをするなど、「おやすみの儀式」**をつくってみましょう。毎日、同じ習慣を繰り返すことにより、入眠モードになりやすくなります。それでも、なかなか寝つけない場合は、「体さえ休めればOK」と気持ちを切り替えましょう。

3 朝の光を浴び、生活リズムを整える

体内時計が整いにくい子の場合、どんなに起きるのを嫌がっても、カーテンを開け、朝の光を浴びることが大事です。

また、**心地よい疲労が感じられるように、日中は体を動かして遊ぶ時間を増やすことも大切。**夕食やお風呂の時間はできるだけ決めて、生活リズムが崩れることのないように気をつけましょう。

4 園とも連携し、必要なら専門家に相談する

睡眠に関して気がかりなことがあるなら、専門家のアドバイスを受けるのも、ひとつの方法です。まずは園の先生や主治医に相談してみましょう。

園でも、お昼寝ができていない場合、「静かな場所に変えてもらう」「照明を暗くしてもらう」など、**先生が無理なくできる範囲で、サポートをお願いしてみる**といいでしょう。

園でも、お昼寝できるように、パーティションで遮（さえぎ）ってみたり、照明を暗くしたり、工夫してみますね。ももかさんはダンスが好きなので、体を動かす時間も増やせるといいな。

園の先生

園でのももかさん 70ページ ➡

気に入らないことがあると、弟に乱暴なことをする

5歳になるいっぽさんには、ひとつ年下の弟がいます。普段は仲が良い兄弟なのですが、いっぽさんは言葉が遅く言いたいことが言えないためか、ケンカになると蹴ったり、噛んだり、ひっかいたりと、弟に暴力をふるうようになってきました。

弟が誕生日に買ってもらった宝物のミニカーで遊んでいたところ、いっぽさんがいきなりやってきて、ミニカーを奪ってしまいました。弟が「ぼくのだよ」と取り返そうとしたのですが、知らんぷり。「返して」と迫る弟に逆ギレし、ミニカーを投げつけると壁に激突し、壊れてしまいました。お母さんは弟に「お兄ちゃんは貸してって言えないの。我慢してね。ごめんね」と謝ったのですが、弟は「もう、お兄ちゃんとは遊びたくない」「大嫌い！」と怒っています。

言葉が遅いので言いたいことが言えず、気に入らないことがあると、すぐに手が出てしまうんです。最近はケンカになることが多く、だんだん暴力や乱暴な行為がエスカレートしてきました。

どうして、こうなる？ 専門家に相談

決して暴力は許さず「ダメ」と伝える

いっぽさんの乱暴な振る舞いが
エスカレートしていることで、
お母さんは困っているのですね。

弟のミニカーを投げつけて壊したこともそうですが、
気にいらないことがあると、
弟をたたいたり蹴ったりすることもあります。

それは、よくないですね。たとえ、いっぽさんにハンディキャップがあったとしても、**やってはいけないことをしてしまった場合には、ちゃんと「ダメ！」と伝えていく**必要があります。

だけど、いっぽは言葉が遅く、
コミュニケーションがうまくとれないのです。
一方的に叱（しか）るのはかわいそうではないでしょうか。

言葉が遅い子が伝えたいことをうまく表現することができず、暴力という手段をとってしまったとき、それを許していると、**「暴れると自分が有利に立てる」と、まちがった学習をしてしまいます。**

確かにそうですね……。でも、
「おもちゃを取ったらダメでしょ」と注意しても、
聞いてくれないので、わからないのだと思います。

知的なハンディがある場合、やってはいけないことや生活上のルールを理解しにくいかもしれません。でも**毎日の生活の中で、しっかり経験を積み、学習していくことで、少しずつ良い習慣が身についていきます。**

なんとかしたいとは思っています。
道のりは長そうですが、
がんばってみます。

専門家への
相談を
まとめると

言葉で
表現できず、
暴力で
訴えてしまう

弟のミニカーが
欲しかったから、
取ったんだよ。
弟が怒っていたから、
ぼくも怒ったんだ。
どうしていけないの？

弟のオモチャを
奪ったり、
怒って
投げつけたりする

いっぽさんの
状況

注意しても、
理解できて
いない

暴れれば、
要求が通ると
考えている

いっぽさんは「やってはいけないこと」や「相手と交渉する方法」が理解できておらず、「暴れれば、自分の要求が通る」と、好ましくない方法を身につけています。弟にも協力してもらいながら、よりよい方法を学んでいきましょう。

できることは、どんなこと？

安心・解決のアドバイス

1 「ダメ！」の一言は、毅然とした態度で伝える

ハンディがあってもなくても、人として許されない行動や、自分や他人に危害を加える行為があることを、しっかりと教えていく必要があります。**弟をたたこうとする場面を見つけたら、毅然とした態度で腕をつかんで制止し「たたいたらダメ！」と強く注意**します。間に合わなかった場合でも、本人にちゃんと向き合い、真剣な表情で「たたくのは絶対許さない」と伝えます。

2 「貸して」の練習をやってみる

おもちゃを奪うのがNGだとわかっていない場合、本人に具体的な方法をわかりやすく教えます。例えばブロックで一緒に遊び「貸して」と言いながら、その子が持っているブロックを受け取ります。その子がこちらのブロックに手を伸ばしたら「貸して、だよ」と伝えます。言葉にできなくても、相手の合意が必要だということがわかるまで、根気よく続けましょう。

3 時間を決めて「待つ」習慣をつける

「今すぐ欲しい」という気持ちが我慢できず、弟のおもちゃをとってしまうなら、「あと10分」などと時間を決めて、自分の気持ちを抑え、待ってもらう習慣をつけましょう。

砂時計やキッチンタイマーなどを使って、いつまで待てばよいか、わかりやすく示すのがポイントです。

4 弟に我慢を強いず、協力してもらう

弟には、いっぽさんのことを理解し、応援してもらう必要があります。でも我慢ばかりさせると、不満がたまるのは当たり前。「我慢して」と押し付けるのではなく、「今は、いっぽさんが練習している」という状況を説明したうえで、「応援してほしい」とお願いしましょう。また他の家族にも協力してもらい、弟が母親や父親と2人で遊ぶ時間も設けるようにします。

暴力や困った行動について、「ハンディがあるから仕方がない」と大目に見ていましたが、「ダメなことはダメ」と教えていけるように、がんばりたいと思います。

園でのいっぽさん 74ページ ➡

【column】

専門家からの
ワンポイントアドバイス ①

脳性麻痺(まひ)と知的障害

出生前から生後４週間の間に発生した脳の損傷により、手足の麻痺などの症状がみられるのが脳性麻痺です。２割程度の子が知的障害をともなうとされていますが、言葉の遅れがあっても、機能の問題である可能性も高いので、しっかりと見極めて対応する必要があります。

ダウン症候群と知的障害

ダウン症候群は、染色体の変異を原因として、800人から1000人に１人の割合でみられるとされています。知的なハンディキャップをともなうことが多く、個人差はありますが、運動・知能・言葉など、全般的にゆっくりと成長していきます。

知的障害の薬物療法

日常生活が送れないほど「眠れない」などの症状が強いときや、暴力や危険な行動が目立つ場合などに、薬が投与される場合があります。しかし幼児期は、副作用があっても本人が体調の変化や違和感をうまく表現できないので、服用する際には慎重に検討しましょう。

第2章

こんなとき どうする？

保育園・幼稚園編

知的なハンディがある子が成長していくためには、
保育園や幼稚園など集団生活の場で人と関わり、
一緒に遊んだり学んだりしながら、
自信をつけていくことが、とても大切です。

そのためには、どのように環境を整えるといいのでしょうか。
よくあるケースから、そのポイントを考えてみましょう。

つむぎさんの場合

名前を呼んでも答えず、耳を傾けてくれない

コミュニケーションをとるのが難しいつむぎさんは、園で先生から名前を呼ばれたときも答えず、聞こえていないのか自分の名前がわかっていないのか、振り向いてもくれません。

みんなでお遊戯を始めても隅で絵本を眺めていたり、おやつの時間に先生が「お外で遊ぶのはやめて、部屋に入ろうね」と声をかけても、砂場で１人遊び続けていたり。周りの様子には無頓着で、遊びを中断させようとすると、泣き叫んで部屋に入るのを嫌がることもあります。

嫌がるつむぎさんに、先生が「おやつ、どうするの？」と改めて聞いてみても、泣きじゃくるばかりで答えてくれないので、先生も途方に暮れています。

言葉によるコミュニケーションは、まったくとれないし、気に入らないことがあると泣き叫んでダダをこねるの。どうやって集団生活に慣れさせていけばいいのか、暗中模索の状態……。

どうして、こうなる？ 専門家に相談

子どもの発信やサインをキャッチする

先生はつむぎさんと、
コミュニケーションが
うまくとれないのですね。

視線もなかなか合わないし、名前を呼んでも答えてくれません。おともだちにも関心を示さず一緒に遊ぼうともしないし、私がはたらきかけても耳を傾（かたむ）けてくれないだけでなく、泣き叫んで拒否します。

呼ばれたときに注目する必要性がわからないため、振り向かず答えないのでしょう。はたらきかけても「邪魔された」と感じている可能性があります。泣き叫ぶのは、それが「NO」と伝える唯一の自己表現だからです。

園ではお手上げなので、
親御さんには、
専門的なアドバイスを受けるように伝えたのですが……。

もちろん専門家の関わりも大切ですが、**コミュニケーションは、専門家だけが教えるものではなく、周りの大人が日々の関わりの中ではたらきかけることで、子どもの中にはぐくまれていくもの**です。

そうは言われても、
具体的には、
どうしたらいいのでしょうか。

まずは本人の発信をキャッチすることが大切。**言葉だけではなく、視線・表情・身振りなどに注目し、「自分の気持ちが受け止められた」という経験を重ねていく**ことから、「伝えたい！」という意欲が生まれます。

なるほど……。
難しそうですが、
トライしてみたいと思います。

専門家への
相談をまとめると

できることは、どんなこと？

安心・解決のアドバイス

名前を呼ばれても
相手に
注目しない

人の話に
耳を傾ける
習慣が
ついていない

泣き叫ぶのは
「NO」と伝える
唯一の自己表現

1 子どもの世界に参加し、主導権を渡す

大人のペースで無理に言葉を引き出し、集団行動に慣れさせようとしても、うまくいきません。コミュニケーションは楽しいと思ってもらうために、子どもに主導権を渡しましょう。

まずは、**その子の好きな遊びに参加させてもらい、ジャンプが好きならまねをしながら、「ぴょんぴょん！」や「ジャ〜〜ンプ！」と声をかけたり**してみましょう。

つむぎさんは、まだ「呼ばれたら振り向く」「相手に注目する」「話を聞く」「話を聞いて動く」という流れをつかめていません。時間はかかりますが、スモールステップで、コミュニケーションの土台を築いていきましょう。

2 本人が気づける方法で声をかける

その子を呼ぶとき、離れた場所や背後から声をかけていませんか。特に集中して遊んでいるときには、ほかの情報が耳に入りにくく、呼ばれても気づかない場合もあります。

本人の視界に入ってから声をかける、肩をたたいてから名前を呼ぶなど、できるだけ本人が気づきやすい方法を考えましょう。

保育園だと先生が
邪魔してくるから、
好きなように遊べない。
せっかくお砂場で
楽しく過ごしてたのに！

つむぎさんの状況

話しかけられても
邪魔されたとしか
思っていない

3 伝え方や意思表示の手段を工夫する

「おやつの時間だから、お外で遊ぶのは終わりにして部屋に入ろうね」などの長い説明は避け「おしまい」と短く伝えたり、おやつの写真を見せたりし、次の行動に促します。

質問するときも「おやつ食べる？」と、「YES」「NO」で答えられるよう問いかけます。手を挙げる、首を振るなど、無理なく意思表示できる方法を探してみましょう。

4 保護者と連絡を取り合い、連携を図る

言葉の遅れがある子どもを育てている保護者は孤立しがち。子どもの発達の遅さに引け目を感じ、保護者の輪の中に入れず、悩みを相談できない場合もあります。

できるだけこまめに連絡を取り合い、ちょっとしたことでも報告しましょう。どうすればコミュニケーションに対する意欲を引き出せるのか、一緒に工夫する姿勢を示すことが大切です。

先生が連絡帳で「今日は振り向いてくれました」とか「笑ってくれました」とか、小さなことでも報告してくれるから、「あー、成長しているんだな」と感じられて、嬉しいです。

お母さん

おうちでのつむぎさん 12ページ

あさひさんの場合

ウロウロするだけで、活動に参加しない

5歳になり、園での生活にも慣れてきたあさひさん。お散歩や外遊びは大好きなのですが、長時間、机に座って行う活動は苦手なようです。

あさひさんの園では、秋の文化祭に向けて、お絵描きをしたり、折り紙を折ったり、展示の準備を進めています。今日は、家族の似顔絵を描く日。「みんな座って！　ママやパパの似顔絵を描いてね」と先生が声をかけると、他の子は椅子に座り、クレヨンで絵を描き始めるのですが、あさひさんだけは座ろうとしません。先生が声をかけて座らせ、クレヨンを握らせても、興味がもてないのか作業をしようともしないのです。すぐに席を離れ、みんなの机の周りをウロウロし始めました。

外で遊ぶときには、言われたことがだんだんわかるようになってきたんだけど、座って集中する作業は苦手みたい。5分も立たずに、ウロウロし始めちゃうの。どうしてなのかな？

どうして、こうなる？ 専門家に相談

どうして活動に参加できないのか考えてみる

あさひさんは、
座ってお絵描きをする活動に
うまく参加できないのですね。

はい。園に２年通って、お散歩したり外で遊んだりする活動には参加できています。だけど、座って作業するのは、いまだに苦手な様子で、ウロウロ立ち歩いてしまいます。

なるほど。まずは、なぜ、
あさひさんが立ち歩いてしまうのか、その理由を考えてみましょう。
思い当たることはありますか。

もともと活発で、ADHDの特性があるのか、じっとしているのが苦手なタイプです。気が散りやすく、窓の外を眺めたり、他の子の絵を見に行ったりもしています。気になることがあるから集中できないのかな。

ADHDの特性もあるかもしれませんが、**そもそも活動に興味を抱けず、何をやればいいのかもわかっていない**のかもしれません。この年齢では、興味がないのに座り続けるのは難しいのではないかと思います。

なるほど……。確かに、
「ADHDだから集中できない」と
思い込んでいたかもしれません。

園では、**それぞれの子の発達レベルに合わせて、**
興味がもてる活動を用意し、
「やりたい！」という気持ちを引き出すことが大切です。

無理にでも座ってもらって、
作業に取り組ませることばかり考えていました。
あさひさんに合った課題を工夫してみたいです。

専門家への
相談をまとめると

できることは、どんなこと？

安心・解決のアドバイス

椅子に座って
作業するのが
苦手

作業ができず、
ウロウロと
立ち歩く

何をすれば
いいのかが、
わかっていない

1 座ることを訓練や修行にしない

「座ること」は、決して、修行ではありません。やりたくなかったり、何をやればいいのかわからなかったりするのに、座ることだけを強制されたら、苦手意識がふくらむばかり。

本人が意欲をもてるような活動があり、楽しめる内容なら、少しずつ座ることができるようになっていきます。まずは、無理にでも座ってもらうという考えを変えましょう。

あさひさんは、着席して作業に集中することも、イメージしたものを表現するお絵描きも、どちらも苦手。まずは本人が意欲をもって取り組める課題を用意し、「集中できた！」「楽しめた」という機会を増やしましょう。

2 その子の興味・関心や得意なことを理解する

「座って活動に取り組んでみたい」という意欲を引き出す課題を見つけるためには、まずは、どんなことに興味や関心があるのか、本人の世界を知ることが大切です。

普段から、どんな遊びが好きで、どんなことなら集中できているのか、何が得意で苦手なのかなど、本人の行動をよく観察しておきましょう。

気が散って、
集中できない。
何をやればいいのかも
わからないし、
退屈しちゃったんだ。

あさひさんの状況

そもそも
課題に
興味を
抱けていない

3 発達段階に合った活動を用意する

「人の顔をイメージして描く」という課題は、少しハードルが高いかもしれません。活動の内容が、その子の発達段階に合っているのか見直すことも大切です。

例えば、**塗り絵にする、指でなぞるだけで完成する課題にする、画材を変えてみる**など、あさひさんが無理なく、楽しく取り組める内容に変更しましょう。

4 座っていられるような、環境を整える

窓の外の景色や音、壁の掲示物、おともだちの話し声など、目に入るもの・耳に入るものがとても気になり、集中できない子がいます。

どんなことが気になりやすいのか、保護者にも確認して相談しましょう。そのうえで、**窓にカーテンを引いたり、席の場所を変えたりなど工夫できること**を考えます。

「どうせ、あさひの作品はないんだろうな」と思っていたら、塗り絵だったけど展示してあったので、感激しました。座ってお絵描きができるようになったんですね！

お父さん

園での
エピソード
3

はるなさんの場合

着替えや片づけなど、身辺自立が遅れている

何事もスローなはるなさんは、身辺自立が遅れていて、同じ年の子ができることで、できないことがたくさんあります。例えばお着替え。年長のなかではるなさんだけが、１人で着替えることができずにいます。極端（きょくたん）に手先が不器用なためボタンをかけるのが苦手で、先生が声をかけるまでぼんやりしていることもあり、手伝いながら「やってみようね」と促（うなが）しても、首を振って嫌がり、自分で取り組もうとしません。

食べ終わった食器を運んだり、おもちゃを片づけたり、着替えた洋服をたたんだりするのも手順がわからないのか先生任せ。「自分でやってみよう」という意欲が感じられず、このままで大丈夫なのか、先生は心配しています。

園の先生の悩み

もうすぐ小学生になるし、身の回りのことは１人でできるほうがいいと思うけど、なかなか身につかず、本人の「がんばろう」という意欲も薄い。よっぽど家で、親が甘やかしてるんじゃないかなぁ。

どうして、こうなる？ 専門家に相談

「本人が苦労しているのでは？」と考える

先生は、はるなさんの
身辺自立が遅れていることを
心配されているのですね。

そうなんです。着替えもお片づけも、大人任せ。
お世話をするのが
当然のような感じになっています。

生活習慣をはぐくむのは、毎日の積み重ね。
少しずつでも自分でできることを
増やしていきたいですね。

でも、コミュニケーションがとりづらい子で、
しかも不器用。
自分でやろうという意欲も薄いんです。

発達性協調運動障害（DCD）の傾向もあり、ひと一倍、着替えに苦労していて、「できない」から「大人任せ」になっているのでは。ただ、代わりにやるだけでは、成長のチャンスもなくなってしまいます。

確かに、そうですね……。
じゃあいったい、
どうすればいいんでしょう。

「できること」と「できないこと」を見極め、できないことは手伝いながら、本人が取り組める方法を考えます。遊び感覚で楽しみながら取り組むのがポイント。やりとげられれば自信になり、意欲につながります。

なるほど。
「楽しみながら」取り組める方法を
教えてください。

専門家への
相談をまとめると

身辺自立が
遅れていて、
着替えや片づけを
1人でしない

極端(きょくたん)に不器用で
DCDの傾向が
みられる

どうせできないと
あきらめている

できることは、どんなこと？

安心・解決のアドバイス

1 スモールステップで、意欲を高める

何より大切なのは子どもの力を信じること。周りが「この子には無理」とあきらめていると、その子もチャレンジする意欲を失います。

「自分でやりたい！」という意欲を引き出す原動力は、**大人の「がんばったね」「できたね」というポジティブな声かけや笑顔**。安心できる環境で「できた！」という経験を増やしていきましょう。

「もっと自分でやってみたい」「できるようになりたい」という意欲を引き出すためには、楽しく取り組みながら「できた！」という自信をつけていくことが大事。ちょっとした工夫や大人のサポートが必要です。

2 着替えやすい服を準備してもらう

自分で取り組もうとしないのは、「着替え＝時間がかかる＝めんどうくさい」とネガティブなイメージを抱いているからかもしれません。

保護者と相談して、着替えやすい、ゆったりしたサイズの洋服を選んでもらいましょう。**頭からかぶれて、頭や手足を通しやすい伸縮性の素材**を準備してもらえると、スムーズに着替えることができます。

ボタンかけるのは
苦手だし、
めんどくさい。
自分で着替えるより、
先生にやってもらう
ほうが楽だもん。

はるなさんの状況

大人が
手伝ってくれると
思って
しまっている

3 楽しく遊びながら、着替えの手順を覚える

DCDのある子は、自分の手足や頭がどこにあるのかイメージしながら着替えるのが苦手。そのため「ここに手を通して握手だよ」などと声をかけ袖口に誘導する、「ばんざーい」と言いながら腕を上げてもらい脱がすなど、遊びながら動作を教えます。また、苦手なボタンかけなどは、最初は大人がボタンホールを広げ、押し込む遊びから練習します。

4 保護者を責めるのではなく、協力体制を築く

身辺自立が遅れている場合、保護者もまたどのように教えていけばいいのかわからず、悩んでいることが多いです。

だからこそ「しつけができていない」「家での取り組みが足りていない」と疑うのではなく、どうしてできないのか一緒に理由を考え、協力しながら、その子が無理なく取り組める方法を考えていきましょう。

何度教えても身につかず、できないことが多いから、落ち込んだり焦ったりしていたんだけど、「少しでもできることを増やしていきましょう」って言ってもらえて、安心しました。

お母さん

おうちでのはるなさん 20ページ ←

いつきさんの場合

マイルールが多く、同じ質問を繰り返す

いつきさんは、園でもこだわりが強く、ちょっとしたことでパニックを起こします。例えば電気のスイッチ。登園すると、電気のスイッチをチェックし、消して回ります。お天気がいい日はまだしも、雨の日でもすべての電気を消さなければ気が済まず、誰かが電気をつけると「うわーっ」と大騒ぎして消しに行っています。

また、3つ並んだブランコのうち「使うのは右」と決めていて、他には乗りません。遊ぼうとしたときに右のブランコにおともだちが乗っていたので大パニック。「どうして？」と先生に詰め寄り、「少し待っていようね」と説明したのですが、納得できないのか、「どうして？」「どうして？」と同じ質問をしています。

園の先生の悩み

自閉スペクトラム症（ASD）でこだわりが強いのは仕方がないのかもしれないけど、パニックを起こしたり、しつこく同じ質問をしてきたり。集団生活の中でどこまで許していいのか、困っています。

どうして、こうなる？ 専門家に相談

こだわりの背景には理由がある

園でも、いつきさんは
マイルールが
多いようですね。

電気を消すなどルーティンの行動や、使うトイレやブランコなど細かいルールがあります。思う通りに行かないとパニックを起こしたり、何度もしつこく同じ質問をしたりして困惑させられています。

ASDの子にとって、マイルールに従い行動するこだわりは、安心して過ごすためのお守りのようなもの。**周りからするとちょっとしたことでも、彼にとっては一大事で、動揺してしまう**のでしょう。

**こだわりが強いのはASDの特性と理解しているつもりですが、
園は集団生活を送る場でもあります。
どこまで認めるべきなのか、悩んでいます。**

ワガママに思えるこだわりでも、**本人にとっては
大切な理由がある場合も少なくない**のです。
まずは、その背景を考えることが必要です。

**そうなんですね……。
納得できないと、しつこく同じ質問を繰り返すのも、
こだわりなのでしょうか。**

きっと不安で質問しているのでしょう。**確認することで自分を落ち着かせようとしている**のです。こだわりはある程度認め、うまく受け止めつつ、パニックを予防する方法や、トラブルをなくす方法を考えましょう。

**わかりました。
いつきさんが安心して過ごせるように、
どんなことに注意したらいいのでしょうか。**

専門家への
相談をまとめると

電気を消す、
使うブランコは
右などの、
こだわりがある

マイルールを
保つことで、
心の平穏を
維持している

思い通りに
いかないと、
パニックになる

できることは、どんなこと？

安心・解決のアドバイス

1 トラブルを減らすための方法を考える

特に幼児期は、本人が「安心して過ごせること」を優先し、「ブランコは右」などのこだわりは、基本的に受け入れましょう。

そのうえで、あらかじめ**「順番を決める」「5回で交代というルールを決めておく」**など、トラブルを減らすための工夫を考えます。大きな声で一緒に数えると見通しが立ち、待っていられるようになります。

いつきさんにとって、こだわりやマイルールは、集団生活を過ごすうえでの、お守りのようなもの。まずはこだわりを認め、安心できる環境を整えながら、少しずつ変化に対応できるように慣らしていきましょう。

2 こだわりの背景を考える

部屋の電気を消して回るのは、感覚の過敏があり、「明るい照明など、まぶしいのが苦手」などの理由があるのかもしれません。

特に**ストレスや不安が大きいと、感覚過敏やこだわりも強くなる**傾向があります。あまりにもこだわりが目立つ場合は、その子が安心して過ごせる環境になっているかどうかチェックしてみる必要があります。

ワガママって言われるけど、いつもとちがうことが起きると、不安で不安で仕方がなくなるんだ。

いつきさんの状況

同じ質問を、しつこく繰り返す

3 事前に予告し、変化に慣らしていく

予想外のことが苦手な子は、「いつもより部屋が明るい」といった少しの変化にも困難を覚えます。「雨の日は電気をつけます」など、前もって予告しておきましょう。

本人の調子がよいときに、「暗いから電気をつけるね」などと声をかけ、変化に慣れる練習をし、「いつもとちがうけど平気だった！」という経験を増やしていきます。

4 繰り返しの質問に対しては、ルールを決める

気になることがあり同じ質問を繰り返す場合、「何度も言ったでしょ」などと突き放すと、不安が大きくなるだけです。**「同じ質問は３回まで」**などルールを決めておきましょう。

カードやホワイトボードなどを使い、質問した回数がひとめでわかるように工夫し、穏やかに「３回で終わりね」などと伝えます。

園に行き始めたばかりの頃は、毎日のようにパニックを起こしていたらしいけど、「この１週間は穏やかに過ごせています」って連絡帳に書いてあって、嬉しかったなあ。

お母さん

おうちでのいつきさん 24ページ ←

あんなさんの場合

運動会の練習に、参加しようとしない

あんなさんは運動会の練習が苦手。おともだちが張り切ってダンスや玉入れの練習をしているのに、あんなさんは練習が始まると園庭の隅(すみ)に隠れてしまうことが多く、ほとんど参加できていません。「玉入れだよ」「あの中に玉を投げてみて」などと声をかけても理解できないのか、一目散に逃げ出してしまいます。

先生は、「せめて入場行進だけでも……」と誘ってみたのですが、手をつないで移動することもできません。「おともだちと手をつないで」とお願いしても、なぜか嫌がり、すぐに列を離れてしまうのです。先生も心配していたのですが、最近は園に行くことも、泣いて嫌がるようになってしまったそうです。

ダンスとか玉入れとか、綱引きとか、他の子たちは目をキラキラさせて、楽しそうに練習しているんだけど、あんなさんはいったい何が嫌なんだろう……。

どうして、こうなる？ 専門家に相談

行事には、いくつか苦手なポイントがある

あんなさんは、
運動会の練習に
参加できていないようですね。

もともと、言葉が遅くコミュニケーションがとりづらい子ですが、お絵描きや読み聞かせなどの活動には参加できています。でも、運動会の練習では、その場から離れてしまい、参加しようとしないのです。

いつもとちがうスケジュールへの不安、体を動かすことに慣れていない、ざわざわした雰囲気や音など、ハンディのある子が苦手なポイントがいくつかあります。あんなさんは、何を嫌がっているように見えますか。

よくわからないのですが、練習が始まると、
その場から逃げ出し、園庭の隅っこに隠れてしまうので、
音が苦手なのかもしれませんね。

競技開始のピストル音など、なんだかわからない音が突然響くことで「こわい」と感じ、**何が起きるか不安でその場にいること自体が苦痛**なのかも。無理強い（むりじ）いせず、場合によっては練習に参加しなくてもOKにしましょう。

無理強いはしていないのですが、
最近は園に行くこと自体を嫌がっているそうです。
そんなに苦痛だったのかな……。

他の子が説明しなくても「こういうものなんだな」と自然に慣れることでも、あんなさんには難しいのです。もう一度、丁寧（ていねい）に説明し、不安な要素を取り除く必要がありそうですね。

そうですか。
乱暴にやりすぎちゃったのかな……。
反省しています。

専門家への
相談をまとめると

運動会の
練習を嫌がり、
まったく参加
しようとしない

練習が始まると
園庭の隅(すみ)に
逃げてしまう

おともだちと
手をつなぐ
ことができない

できることは、どんなこと？

安心・解決のアドバイス

1 運動会が、どんな行事なのかを教える

運動会や遠足などの行事で不安になってしまうのは、何が起きるのかイメージできず、見通しが立たないことで混乱してしまうからです。

本人がイメージしやすいように、写真や動画などを使って、どんな行事なのかを教えます。「どんなプログラムがあるのか」「どれに参加するのか」「当日までどんなスケジュールで進むのか」も伝えましょう。

あんなさんは、運動会がどういう行事なのかイメージすることができず、いつもとちがう園の状況に不安になっているようです。あんなさんが穏やかに過ごせ、運動会を楽しめるように、丁寧(ていねい)にサポートしましょう。

2 予定は事前に伝えておく

園の生活に慣れてきたところに、普段通りに過ごせなくなってしまうことは、あんなさんにとって大きなストレスになります。

できるだけ、「お昼寝のあとに、外で玉入れの練習をします」「練習の間は、音楽を鳴らします」など、予定は事前に知らせておきましょう。

最近の幼稚園は、
ざわざわしてて、
突然音楽が鳴ったり、
練習が始まったりして、
落ち着かないの。

あんなさんの状況

園に行くのも
嫌がるように
なっている

3 楽しい記憶を残せるようにする

こわがっていることを無理強い（むりじ）すると、ネガティブな記憶ばかりが残ってしまいます。場合によっては参加しないという選択も考えましょう。

仮に今回は参加できなくても、来年以降の機会があります。**イヤーマフをして見学してもらう、応援団をやってもらうなど、「楽しかった」と思えるような、ポジティブな記憶を残す方法**を考えてみましょう。

4 本人の負担がやわらぐ方法を考える

参加する場合も、本人が負担なく参加できる方法を考えましょう。

例えば、手をつなぐのを嫌がる場合、皮膚の感覚が過敏で、人の手の感触を不快に感じているのかもしれません。**不快な感触をやわらげるために、手袋を使う、ハンカチやタオルを使うなど、負担を減らす方法**を試してみましょう。

運動会には出たがっていなかったけど、当日は応援団で参加することができました。玉入れの応援で盛り上がっていたみたいなので、来年は参加できるといいな。

お母さん

おうちでのあんなさん 28ページ ←

たすくさんの場合

自由奔放で、列に並んで歩かない

たすくさんは園でも元気いっぱいで、自由奔放。お散歩の途中で気になるものを見つけたり、大好きなバスが通ったりすると、すぐに列を離れ、走り出してしまうので、先生は気が気ではありません。しかもバス停では、お気に入りの緑色のバスが来るまでその場を動こうとせず、「みんな行っちゃったよ」「早く行こうよ」と声をかけても、耳を貸してくれません。

いつも、先生がつきっきりで行動しなければならず、みんなと別行動になってしまうことも多く、なかなか集団行動が身につきません。もうすぐ秋の遠足があるので、迷子にならないように、せめて並んで歩けるようになってほしいと先生は思っています。

園の先生の悩み

お散歩の途中、バスを見つけると列を離れて走り出すし、好きなものを見つけるとその場を動こうとしないので、みんなと別行動になってしまう。たすくさんを追いかけて１日が終わる感じ……。

どうして、こうなる？ 専門家に相談

みんなで行動しているという意識がない

お話を伺（うかが）っていると、
たすくさんは、
集団行動が難しいようですね。

普段からじっとしていない子なのですが、列に並んだり、おともだちと足並みを揃えて歩いたり、ということができなくて、お散歩のときが、特に大変です。

たすくさんは、まだ、**「列に並ぶ」「並んで歩く」ということが、よくわかっていない**のかもしれません。お散歩のときも、「みんなで行動している」という意識がないのでしょう。

**すぐに列から離れてしまうし、
自由奔放に振る舞っているので、
たぶんそうなのだと思います。**

「みんなで行動する」という意識は、家庭では身につきにくいもの。**園や小学校で集団生活を送る中で、だんだんと「列を離れない」「みんなと同じスピードで歩く」などの振る舞い方を学んで**いきます。

**ほかの子は自然に、周りに合わせて行動してくれますが、
たすくさんには難しいみたい。もうすぐ遠足があるので、
それまでに並んで歩けるようになってほしいのですが……。**

「絶対に並んで歩かないといけない」という意識から離れてみましょう。
集団で行動できることも大事ですが、まだ、たすくさんには早いのかもしれません。今は、安全に楽しく参加できる方法を考えることが大切です。

**なるほど。
たすくさんのペースを考えずに、
「みんなと一緒に！」を強制しすぎていたかもしれません。**

専門家への
相談をまとめると

まだ、
みんなで一緒に
行動するという
意識がない

並んで歩く
ということが
わかっていない

気になる
ものがあると、
衝動的に
走り出す

できることは、どんなこと？

安心・解決のアドバイス

1 本人のペースを尊重し、無理強いしない

「並んで歩く」「集団行動をさせなければ」と躍起になっていませんか。周りに合わせて集団で行動する意識は、園や小学校で過ごす間にはぐくまれますが、その成長には個人差があり、訓練で身につくものではありません。

本人のペースを尊重しながら、「おともだちと行動して楽しかった」という経験を増やしていくことが大事です。

集団行動が難しい子の場合、まだ、みんなで一緒に行動できる段階ではないのかもしれません。本人のペースで参加できるよう工夫しながら、「みんなと行動したい」という意欲を引き出していきましょう。

2 列を離れてしまう理由を考える

なぜ列を離れてしまうのか、どんなものに気をとられやすいのか、理由を考えましょう。

好きなものや関心があるものにひかれて、足が止まる・走り出すこともありますが、苦手なものから逃げるために列を離れる場合も考えられます。保護者に聞き取りをして、そのうえで、できるだけ安全な散歩や遠足のルートを考えましょう。

バスとか車を
いっぱい
見られるから、
お散歩は大好き！
特に緑のバスが
好きなんだ。

たすくさんの状況

周りに合わせて行動することが難しい

3 ルートや時間は事前に伝える

周りに合わせて行動するのが苦手な子に、みんなと一緒に行動してもらうためには、**先の見通しがつくように、「これからどこに行くのか」「どのくらい歩くのか」を伝えておくことも大事**です。

散歩や遠足のルートや、歩く時間などは、事前に本人がわかりやすい方法で伝えておきましょう。

4 おともだちと歩けるような楽しい遊びを取り入れる

普段から、おともだちにも協力してもらい、**「電車ごっこ」や「ムカデ競争」など、みんなで足並みを揃えて歩く楽しい遊び**を、取り入れてみましょう。

並んでほしいときにも「ちゃんと並びなさい！」と注意するよりも、「電車ごっこのときみたいに歩いて」などと伝えるほうがわかりやすく、効果的です。

集団行動が難しいから遠足に行けないんじゃないかと心配していたけど、本人は「みんなと一緒に行きたい」って言っています。参加できると嬉しいな。

お母さん

おうちでのたすくさん 32ページ ←

ももかさんの場合

いつでもどこでも、服を脱いでしまう

ももかさんには、変わったクセがあります。興奮したり、機嫌が悪くなったりすると、寒くても暑くてもおかまいなしに、着ている服を脱いでしまうのです。注意して止めようとするのですが、そのたびに泣き叫び、服が破れてしまうくらいの力で抵抗します。脱いだ服を着せようとしても嫌がり、大騒ぎに。

お散歩の途中、何かが気に障(さわ)ったのか、道の真ん中で突然服を脱ぎ始めました。2～3人で押さえつけて制止したのですが、興奮は収まらず、結局泣き叫ぶももかさんを抱きかかえて、園に戻ることに。どうして急に服を脱ぎ始めるのか、何がそんなに嫌なのか、対応の仕方がわからず、先生たちは途方に暮れています。

園の先生の悩み

シャツだけじゃなくズボンまで脱いでしまい、パンツだけになることも。裸で走り回ったり、床に寝転んでダダをこねたり。女の子なので外出中だと周りの目も気になるし、ひやひやしてしまいます。

どうして、こうなる？ 専門家に相談

ストレスが高まるとブレーキがかけられない

ももかさんは、お散歩をしているときに服を脱ぎ始めたのですね。緊張したときや興奮したときに脱いでしまうのだと思いますが、ももかさんにとっては、**お散歩も緊張感が高まるイベント**なのでしょう。

大騒ぎをしながら、突然服を脱ぎ始めることが多いので、とまどっています。
服を脱いでしまう理由は、ほかにもあるのでしょうか。

もともと服が肌に触れる感触が苦手なのかもしれません。特に自閉スペクトラム症（ASD）で感覚が過敏な子の場合、**緊張や興奮によりストレスが高まると、余計に服の感触を不快に感じてしまう**のです。

そうなんですね。ただ、園の中ならまだしも外出中でも脱いでしまうし、
制止しても言うことを聞いてくれません。

ももかさんは、まだ、先生に言われたことを受け入れるのが難しいのだと思います。ブレーキをかけられず、ブレーキのかけ方を教わったこともなく、**やめろと言われても、どうしたらいいのかわからない**状態です。

じゃあ、服を脱いでしまったときに
また着てもらうには、
どうすればいいのでしょうか。

いきなり押さえ込んで服を着せても、よい経験にはなりません。**どうすればブレーキがかけられるのか粘り強く教えて、切り替えられる機会を増やしていく**ようにしましょう。

わかりました。
大変そうですが、
がんばってみますね。

専門家への
相談をまとめると

感覚の過敏
がある

ストレスが
高まると、
服の感触を
不快に感じる

不快な感覚に
耐えられず、
思わず
脱いでしまう

できることは、どんなこと？

安心・解決のアドバイス

1 体の緊張を解き、リラックスしてもらう

まずは、園でリラックスしてもらうことが大事です。例えば膝（ひざ）の上に座らせ、一緒に手をぶらぶらさせるなど、本人が好きな刺激を与えてみたり、手指をクルクル回したりします。

慣れるまでは膝の上に座ることも嫌がるかもしれませんが、大人に身をゆだねられるようになると体の力が抜け、だんだん苦手な刺激を受け入れられるようになります。

ストレスが高まると、余計に感覚の過敏が強くなり、衝動的に服を脱いでしまいます。本人が自分の行動にブレーキをかけられるよう、服を脱いではいけない場面や、気分の切り替え方を粘り強く教えていきましょう。

2 我慢できるような方法を教える

嫌なことがあったときや興奮したとき、服を脱がずに我慢する方法を選ぶことを経験してもらいます。

服を脱ごうとしたら、しっかりと本人の目を見て「脱がないで」と手を抑えます。力がゆるんできたら、手を離して様子を見ます。まだ脱ごうとしたら手を抑える動作を繰り返し、落ち着いたら、「脱がなかったね」「よく我慢できたね」と伝えます。

イヤなことが
あったり、
緊張したりすると、
服がチクチクして、
すごく気持ち悪く
感じるの。

ももかさんの状況

先生に
止められても、
ブレーキが
かけられない

3 大人の言うことを受け取る経験を積む

先生に言われたことを受け取り、自分の行動をコントロールするためには、毎日の園の生活の中で、言われたとおり動いたことで成功した経験を重ねることも大事です。

例えば「〇〇をとってきて」とお願いし、おもちゃをとってきてもらう、誰かに渡してもらう、お片づけをするなど。うまくできたら「ありがとう」と伝えましょう。

4 その子にとって不快な刺激を減らす

服を脱ぐのを我慢できるようになるまでには、時間がかかるかもしれません。まずはその子にとって不快な刺激を減らすことを考えます。

ゆったりした服が好きな子もいれば、締めつけるタイプが好きな子もいます。保護者に協力をお願いして本人が楽なものを選び、タグをとる、金具やボタンが肌にあたらないようにするなどの工夫もします。

お散歩のときなどは大丈夫かなって心配していたんですけど、最近、少しずつ服を脱いではいけない場面で我慢できるようになってきたみたいで、成長を感じています。

お母さん

おうちでのももかさん 36ページ ←

園での
エピソード
8

いっぽさんの場合

好きな人に抱きついたり、嫌がることをしたりする

ひとなつっこくて、おともだちや先生と遊ぶのが大好きな、いっぽさん。優しいつばき先生が大好きなのですが、つきまとうように接してくるので、先生はとまどっています。他の子と遊んでいるときにも、いきなり抱きついてきたり、顔をすりすりしてきたり。最近は、唾を吐きかけてきたり、噛みついてきたりすることもあります。先生が「汚いよ」「やめようね！」と注意しても、いっぽさんはニヤニヤ笑っているばかり。

つばき先生がトイレに行くときも、当たり前のようについてくるので、たまりかねて「ついてこないでね！」と注意しても、ニヤニヤ。ぴったりくっついて、離れようとしないのです。

ひとなつっこくてかわいい子なんだけど、しつこくベタベタしてきたり、汚いことをしてきたりするので、ちょっととまどってしまうときがある。ダメだよって叱ったほうがいいのかな。

どうして、こうなる？ 専門家に相談

NGな行為を遊びだと勘違いしている

言葉でのコミュニケーションが難しいいっぽさんは、**先生に対して、うまく気持ちを表現する方法がわからず、ベタベタしてしまったりつきまとったりしてしまっている**のでしょう。

それはわかりますが、ところかまわず抱きついてくるし、最近は、唾を吐きかけてきたり、噛みついてきたり、エスカレートしているので、困っています。

言葉の理解だけでなく、表情を読み取るのも苦手なので、
先生が嫌がっていることが、
わかっていないのかもしれません。

うーん……。
注意しても理解してもらえない場合、
いったいどうしたらいいのでしょうか。

困った行動をなんとかしたい場合は、
まず、**なぜその行動をするのか、**
原因を突き止める必要があります。

原因ですか。
具体的には、
どんな理由が考えられますか。

「唾を吐く感覚が楽しい」というのも大きな理由で、**「先生に気づいてほしい」「注目してほしい」とやっている**ことも考えられます。**嫌がることをして「やめて」と言われるのを遊びと勘違いしている**場合もあります。

確かに私が「やめて！」と言っても、
ニヤニヤ笑っていました。
やめてもらうには、どうしたらいいですか。

専門家への
相談をまとめると

好きな先生に
ベタベタして、
気持ちを伝え
ようとしている

唾を吐いたり、
噛みついたり
することもある

表情や言葉
だけでは、
相手の感情が
理解できない

できることは、どんなこと？

安心・解決のアドバイス

1 NGな行為は根気よく教えていく

唾を吐く感覚が好きでストレス解消になっていて、ぎゅっと抱きつくことで落ち着く子もいます。**理解力があるなら、「唾を吐くのはトイレで」とルールを決める**方法もあります。

ただし、年齢が上がるにつれ、抱きつくなどの過度な接触や唾吐きなどの行為は、不快に思われることが増えます。**今から根気よくNGな行為だと教える**必要があります。

会話が苦手ないっぽさんには、抱きついたり唾を吐きかけたりすることが、先生とのコミュニケーションの方法になっています。NGな場面や方法は「ダメ」と伝えながら、別の機会をつくっていきましょう。

2 過剰に反応するのをやめてみる

嫌がることをすれば、「やめて！」と言ってもらえ注目されると思っていることが多いです。そのやりとりが、楽しい遊びになっている可能性もあります。

そんな場合、あえて反応するのを控えてみましょう。**「注意を引きたいのに注目してもらえなかった」という経験が重なると、相手が嫌がる行為をやめていく**可能性があります。

つばき先生が大好き！
先生に抱きつくと
ふわふわで安心するし、
ぼくが唾を吐くと
先生が逃げるのも、
面白くて楽しい。

いっぽさんの状況

「やめて」と
言われるのを、
遊びと
捉えている

3 不快な気持ちを伝える方法を考える

表情や言葉から、気持ちや状況を判断するのが難しい子の場合、「やめようね」と優しく伝えても、相手が不快だということはわからないのかもしれません。

唾を吐くといったNG行為については、「イヤだ」「不快だ」という気持ちを伝えるための、ジェスチャーや表情を決めましょう。気持ちが明確に伝わるように示すのがポイントです。

4 良い行動はしっかり認めていく

良い行動をとったことが注目され認められていくと、良い行動が増え、困った行動はゆっくりと減っていきます。

遠回りに思えるかもしれませんが、唾を吐かなかったり、抱きついたりしないでコミュニケーションがとれたときにこそ注目し、「挨拶（あいさつ）できたね」「抱きつかなかったね」などとほめ、良い行動として認めていきましょう。

家でも鼻くそを食べるなどの不潔な行動が気になっていたので、「ダメ」というサインを決めて、人前ではNGなことをしないよう根気強く教えていこうと思います。

お母さん

おうちでのいっぽさん 40ページ ←

【column】

専門家からの

ワンポイントアドバイス ②

不器用な子への対応の仕方

知的なハンディのある子の中には、不器用で運動の習得に時間がかかったり、動作が遅くぎこちなかったり、道具がうまく使えなかったりする子がいます。運動能力は体を動かすことで発達していくので、**できる限り日々の生活に、楽しく体や手先を動かす機会を増やしましょう。**

経験と繰り返しが、できることを増やす

知的なハンディのある子は、知らないことを想像したり、推測したり、抽象的な事柄（ことがら）を理解したりすることが苦手です。そのため、**できることを増やしていくためには、経験を積み、繰り返し覚えることが大事。**一度できるようになれば、その経験値がしっかり維持されます。

知的障害なのか、学習障害なのか

知的なハンディはないのに「聞く」「話す」「読む」「書く」「計算・推論する」など特定の学習に困難が表れる場合、学習障害（LD）と診断されます。**多くの場合、小学校入学後に顕在化するため、幼児期には学習障害か、軽度の知的障害か判断できない場合もあります。**

第3章

自分のペースで成長できるように知っておきたい知的障害のこと

どのような状態を知的障害と判断するのかは、
とてもデリケートな問題で、
必ずしも数値だけで決めつけられるものではありません。

そうしたなかでも、子どもたちの成長のために、
できることには、どんなことがあるのでしょうか。

専門家と保護者、園の先生との対話を通じて、
子どもたちが自分のペースで成長していけるように、
サポートのあり方を知り、
就学に向けて大切になることを把握しておきましょう。

知的障害の特性を知る

Q＆Aで専門家が解説

知的障害って、なんですか？

３歳児健診で「知的な遅れがあるかも」と指摘されました。知的な遅れってどういうこと？　知的障害なのでしょうか。

子どもの発達には個人差があり、どんな状態を「知的に遅れがある」とみなし、知的障害と判断するのかは、とてもデリケートな問題です。明確に健常者との境目があるわけではなく、言葉が出ないなど症状が明らかなら早期に判断できますが、軽度の場合、障害がわからないこともめずらしくありません。一般的に18歳までに、**会話、身辺自立、読み書き、計算、金銭管理など日常生活を行うスキルに課題が表れ、特別なサポートや福祉サービスを必要とする状態**を「知的障害」と判断します。

知的障害は先天的なものですか。何が原因で知的障害になるのでしょうか。

先天的・後天的両方のケースがあります。**ダウン症候群などの染色体の変異、脳機能の障害による先天性疾患、分娩（ぶんべん）時の仮死状態、出産時の医療事故や酸素不足、乳幼児期の高熱による後遺症**で表れるなど。原因が明確でない場合も少なくないのです。

どんな兆候がみられれば、知的障害があるということがわかるのでしょうか。

子どもは１歳頃に言葉を覚え、２歳半から３歳頃に二語文を話し、コミュニケーションがとれるようになります。**３歳になっても言葉が出てこなかったり、会話が成り立たなかったりする場合**に、知的障害が疑われます。

知的障害があるかないかは、どうやって判断するのですか。お医者さんに行けばいいのでしょうか。

知的障害の判断は、医療機関や保健所などで知能検査により行われます。**おおむね、知能指数（IQ）70が知的障害のラインと考えられていて、多くの自治体では IQ70以下の場合に、知的障害があるとして支援の対象にしています。**また、軽度・中等度・重度・最重度などと分類することがあります。

ですが、数値だけで判断することは難しく、例えばIQ75の子が IQ65の子に比べて、生活上の課題が少ないかというと、一概には言えません。実際に**IQ70～80くらいの人が、知的障害と認定されないため支援を受けられず、厳しい状況に置かれるリスクが社会の課題**になっています。そのため最近では、知能指数だけでなく、どのくらい社会生活に適応できているのかを目安にする場合も増えています。

知的障害かもしれないけれども、軽度の子の場合、今は様子をみてもよいのでしょうか。

たとえ障害があったとしても、その子も家族も困っておらず、幸せに暮らしているなら、急いで支援機関につなげる必要はないでしょう。子どもは確実に成長していきます。学習方法を見極め、根気よく教えていけば、必ずスキルアップにつながります。

知的障害の程度

- 軽度（IQ50～55から70）：就学するまで、知的障害があると気づかれにくい。成人期までには、小学校高学年程度の知能を身につけていく。
- 中等度（IQ35～40から50～55）：言葉が遅かったり運動発達が遅れたりするが、ゆっくり言葉を習得していき、少しずつコミュニケーションがとれるようになる。
- 重度（IQ20～25から35～40）：３～６歳の子どもと話すような、簡単な会話が可能になる。少しずつ、自分の身の回りのこともできるようになる場合が多い。
- 最重度（IQ20～25以下）：運動障害などを合併する場合が多く、言葉によるコミュニケーションは難しいが喜怒哀楽の表現は可能。生活には常時サポートが必要。

知的障害のある子にみられる特性

知的障害がある子は、どんなことに困っていますか。
また、どんなことに遅れが目立つのでしょうか。

ひとくちに知的障害といっても、その程度や合併している障害により、生活上の困難の表れ方はさまざまです。

例えば軽度の場合、幼児期には「他の子よりちょっと成長がスローかな」「話が通じにくいかも……」といった程度ですが、最重度の場合は、食事、排尿・排便、睡眠などにも課題が生じ、早くから日常生活に著しい困難をきたすことがあります。

この本に登場する子どもたちでいうと、次のような特性があります。

知的障害のある子にみられること

- 同年齢の子に比べて言葉が遅くコミュニケーションがとれない（つむぎさん）。
- 極端に興奮しやすく、自分の感情を抑えることが苦手（あさひさん）。
- 臆病で、すばやく動きたがらない。常に大人の助けを求める（はるなさん）。
- 想定外のことに対して不安が強く、パニックを起こしやすい（いつきさん）。
- 苦手なものが多く、さまざまなことに消極的（あんなさん）。
- 自分の行動を抑えることが、なかなかできず、集団行動が難しい（たすくさん）。
- 感覚が過敏で、自分の行動をコントロールすることが難しい（ももかさん）。
- 嫌がることをして、相手が困っていても気づかない（いっぽさん）。

※そのほかにみられる特性

- 学習したことが定着しづらく、大事なことも記憶しておくことができない。
- 活動の手順やルールが覚えられず、集団で行動できない。
- 動きがぎこちなく、細かい作業をすることが苦手。
- 会話が成り立ちづらく、人の話を理解できていないことがある。
- 同年齢の子と比較して、おともだちとの関係性を築きにくい。
- ハイハイ、歩き始めなど、運動発達にも遅れがみられる場合がある。
- 我慢が難しく、すぐ投げ出したり、あきらめたりする。

子どもが「自閉スペクトラム症の可能性がある」と言われていますが、知的障害と両方の可能性があるのでしょうか。

知的障害に、自閉スペクトラム症（ASD）や注意欠如・多動症（ADHD）などの発達障害を併存していることは、めずらしいことではありません。また、発達性協調運動障害（DCD）やチック、てんかんなどがある場合も多いことが知られています。

特にASDは、３割程度に知的障害がみられるというデータもありますが、逆に言えば「ASDの子すべてに知的障害があるとは限らない」ということです。知的能力の評価は難しく、年齢や環境によっても変わるため、幼児期にはわからない場合も多いのです。

発達障害について、もっと詳しく教えてください。うちの子は、発達が遅れているのでしょうか。

「発達が遅れている」というよりも、生まれつき脳のメカニズムが他の子と異なることで、ものの捉え方や感じ方が異なり、生活にさまざまな困難が生じる状態を発達障害と言います。

つまり、発達障害のある子は、見たり聞いたりしたことを、他の子と同じように受け止め理解するとは限らないのです。

知的障害のある子で、発達障害を併存している場合、どんな困難が表れますか。

例えばADHDの特性が強い場合、スーパーの陳列棚に並んでいるお菓子を食べてしまったり、おともだちのおもちゃを悪気なく奪ってしまったりなど、自分にブレーキをかけづらいため、衝動的に行動してしまいます。

またASDの特性があると、思い通りにならないことで頻繁（ひんぱん）にパニックを起こすなど、自分のルールに対する強いこだわりが目立つ場合があります。ただ実際には、その行動が知的障害によるものなのか、発達障害の特性なのか判別することは難しいかもしれません。「何につまずいているのか・困っているのか」「どんな方法ならうまくいくのか」１人ひとりの子の得意・不得意を捉えて対応していきましょう。

知的障害のある子に必要なサポート

知的障害のある子自身は、
どんなことで困っているのでしょうか。

言葉が遅れていると、自分の気持ちや要求を伝えることが難しいため、いつも「わかってもらえない」苛立ちや不安を感じています。また、特に軽度の子の場合は、周りから求められていることをしっかり理解できないことに、劣等感(れっとうかん)を抱きがちです。

失敗や落胆を繰り返すことで、できないことを隠すようになったり、引っ込み思案になったり、「がんばっても、どうせ無理」と意欲をなくしてしまう場合もあります。最近では、非行や犯罪に走る若者の中に、軽度の知的障害のある人が多いこともわかってきました。

家族は、どんなふうに
接していけばいいのでしょうか。

ハンディがある子が、自信をなくさず、自分のペースで成長していくためには、**何よりも「自分の表現が受け止められている」という実感を得られることが大事**。特に、言葉でのコミュニケーションが難しい子は、「伝えられて、よかった！」という成功体験を、ほとんど味わったことがない場合があります。だからこそ、まずは、コミュニケーションができる喜びを体験していくことが必要です。

例えば言葉がまったく出ない子でも、嬉しいとき、何かしてほしいとき、不快に感じるとき、拒否するときなどに、必ず何かしらのサイン（表情・視線・身振りなど）を出しているはずです。**子どもが出すサインを、周りの大人がしっかりキャッチし、反応を返していくことが、コミュニケーションの土台になります。**

一例を挙げると、子どもが大きな音に耳をふさいでいるとき、「ビックリしたんだね」と代弁すれば、「わかってもらえているな」と安心することができます。**自分の気持ちや考えが「受け止められた」「わかってもらえた」という満足感が、「伝えたい」という意欲を育てていくのです。**

そうは言っても、言葉が通じない子と、コミュニケーションをとるのは難しいのですが……。

まず、**大人側が子どもの世界に参加する（子どもに主導権を渡す）ことからスタート**しましょう。無理に、こちらの世界に引っ張ろうとしてもうまくいきません。

例えば、お子さんが手のひらをひらひらさせていたら、大人も同じように、ひらひらさせてみます。べーと舌を出したら、大人もべーと舌を出してみます。**大人が子どもの動作をまねることで、「アクションを起こしたら、相手が注目してくれる」「反応してくれる」ということを意識する**ようになります。

さらに、子どもが「ブーブー」「ワンワン」などの言葉を発したら、可能な限りそれに応じてみましょう。「ぶーっ」「ううっ」などの意味がわからない発声でも、そのまままねてみればいいのです。**「音を出せば、反応してもらえる」という気づきになり、「コミュニケーションは、おもしろい」とわかってもらえれば、次のステップにつながります。**

コミュニケーションをはぐくむさまざまな手法

・『ミラリング』子どもの行動を、そのまま、まねる
・『モニタリング』子どもが出す音や言葉を、そのまま、まねる
　→大人がまねることで、子どもがコミュニケーションに興味をもつきっかけをつくり、「反応してもらえると楽しい！」という気持ちが、人の視線や反応を意識しながら発信する意欲を育てる。
　また、言葉によるコミュニケーションを経験してもらうことは、言葉を通じて「意思表示をすることができる」という体験にもなる。

・『パラレル・トーク』子どもの行動や気持ちを、代弁してみる
　→大人が、子どもの代わりに言葉で表現することで、「わかってもらえているな」と安心できるとともに、「こんなときは、そんなふうに言うのか」ということがわかり、言葉でのコミュニケーションへの興味が引き出される。

がんばりたいとは思いますが、
家族だけで支えていくのは不安です……。

どんなふうに関わっていけばいいのか、わからなかったり、やり方が合っているのか不安に思ったりする場合もあるかもしれません。そんなときは、専門家の力を借りましょう。

地域の保健所や、子ども家庭支援センターなどでは、子育てについての相談に応じているので、問い合わせてみてください。また、子どもに知的障害があると判断されれば、さまざまな福祉サービスも利用することができます。上手に活用して、応援団を増やしていきましょう。

できないことがたくさんあるのですが、意思疎通が難しいので、
うまく教えることができず、行き詰まっています。

地域の児童発達支援センターや発達障害者支援センター、放課後等デイサービスなどの通所施設、児童精神科や小児科などの医療機関では、障害のある子のための「療育」を行っています。

療育とは、障害のある子の困り事を軽減するための教育プログラム。心理士や作業療法士、言語聴覚士などの専門家が、その子が興味のあることや遊びなどを通して必要なスキルをはぐくむお手伝いをします。自治体が提供する無料のサービスもあれば、有料のものもあるので、障害福祉担当窓口に相談するか、地域の親の会などに参加し情報を集めてみましょう。

園に、知的な遅れがあるかも、という子がいるのですが、
保護者の方はまだ気づいていないようです。

重度の知的障害の子は、乳幼児期からお座りができない、ハイハイをしないなど運動の発達も遅いことが多いため、家族が気づく場合がほとんどです。一方、軽度の場合は家族が気づいていないことも少なくありません。

集団生活の中で、会話が成り立たない、活動に参加できないなどの課題が目立ち、初めて障害が疑われるケースはめずらしくありません。小学校入学後に、勉強についていけなかったり、指示が理解できなかったりして、判明することもあります。

親御さんに話しても、お子さんの障害を認めてくれないため困っています。

体や視力・聴力などに障害がある場合、保護者の方も葛藤（かっとう）しながら子どもの課題を受け止め、早くから必要な手立てを考え始めます。ですが、特に知的障害が軽度で目立たない場合、障害があるかどうかの判断は難しく、保護者の方にとっても、すぐに「子どもに障害がある」というようには捉えにくいものです。

「知的障害かもしれない」と指摘されても、「成長が遅いだけ」「この子の個性」と考えたり、なかには「園の指導が悪い」と言ってくる人もいるかもしれません。でも、**大事なのは「障害があるか」「ないか」、保護者が「障害を認めるか」「認めないか」ではなく、その子が自分のペースで成長できる環境をつくっていくことです。**

そして、**悩みとまどいながら、保護者の方も少しずつ子どもの状況を受け入れていきます。**園の先生には、**子どもと保護者の両方を、一緒に応援していく姿勢で、関わってもらいたい**と思います。

知的障害のある子のために、園でできることがあれば教えてください。

何より大切なのは、**知的障害の子が過ごしやすい、穏やかで安全な環境を整えること。**例えば、すぐに活動を抜け出したりする子に担当のスタッフをつけたり、活動の内容や場所をイラストなどでわかりやすく表示したり、その子が安心して楽しく園で過ごせるように工夫できることはたくさんあります。

また、**絵カード、コミュニケーションボード、マカトンサイン（手指による表現）など、言葉の出づらい子とコミュニケーションをとるための、さまざまな方法があります。**スマートフォンやタブレットのアプリなども開発されているので、調べてみてください。

園は、ほとんどの子どもたちにとって初めての集団生活の場。「みんなで一緒に過ごすのは楽しいな」「もっとおともだちとコミュニケーションをとりたいな」と思えるような、すてきな体験ができる場所になるといいですね。

家庭でできること

保護者に向けた5つのヒント

1 温かな視線と声かけが、子どもの意欲を引き出す

障害があっても、その子のペースで必ず成長していき、できることが増えていきます。そして、子どもの成長のエネルギーになるのは、周りの大人の温かな視線や声かけ。子どもの意思表示のサイン（言葉だけでなく、表情・視線・身振りなども）を受け止め、ポジティブな反応を返していくことが大切です。

「自分の表現が受け止められている」「認められた」経験が子どもの自信になり「もっと、成長したい」という意欲を引き出します。「できたね」と同じかそれ以上に「ありがとう」と伝えられる場面も増やしましょう。

2 ダメなことは、はっきり「ダメ」と伝える

やってはいけないことや生活上のルールを理解しにくい場合があります。「どうせわからないんだ」と思ってしまいがちですが、あきらめずに危険なこと、やってはいけないことなどはしっかり教えていく必要があります。

また、子どもが泣いて騒いで自分の欲求を通そうとしたときや、注目を集めるためによくない行動をしたときは「嫌がることをすれば、かまってもらえる」などと覚えてしまわないように、毅然とした態度をとりましょう。

毎日の生活の中で、しっかり経験を積み、何がダメで、何がOKなのか学習していくことで、適切な習慣が身についていきます。

3 遊びや生活の中で、できることを増やしていく

嫌がっていることを無理に「訓練」させていると、劣等感（れっとうかん）や苦手意識を植えつけてしまいます。最初は、できるだけ使いやすい道具を用意し、苦手なことは手伝いながら、少しずつ1人でやれることを増やしていきます。

また、自分の体をコントロールする力は、さまざまな経験を重ねることで身につきます。歩いたり走ったり公園で遊んだり、体を動かす機会を設けるのはもちろん、ブロックを積む、はさみで紙を切る、色を塗るなど、指先を使う遊びも、意識して取り入れましょう。

4 選択肢を示し、伝える力、自分で決める力をはぐくむ

自分で意思表示を行い、選択していく力はとても大切。保護者が勝手に決めたり、先回りしたりするのではなく、「自分の気持ちを伝えられた」「自分で決めた」という経験を増やしていきましょう。言葉で伝えることが難しい場合は、「YES」「NO」を示す身振りを教えるなど意思表示できる方法を考えます。

5 子育てのサポーターを増やし、ストレスを減らす

日々の子育ては、とても大変。時にはイライラしたり、不安になったり、悩む場面も少なくないはず。抱え込まず、相談できる支援機関とつながっておきましょう。

また、たまには1人で出かけたりなどリフレッシュする機会を設けることも大事。家族、園の先生、ママ友、近所の人などサポーターを増やし、子育てを手伝ってもらいましょう。

保育園・幼稚園でできること

園の先生に向けた5つのヒント

① ポジティブな情報を伝え、保護者と協力体制を築く

知的障害があるからといって、他の子より劣っているわけではありません。たとえ会話がおぼつかなくても、できないことがたくさんあっても、一生懸命やろうと努力していることなど、その子の「いいところ」に注目しましょう。

保護者には、日頃から連絡帳で「がんばっていた」「楽しく過ごせている」など、ポジティブな情報を伝え、協力体制を築いていく姿勢が大切です。

② いじめや孤立を防ぎ、安心できる環境を整える

ハンディキャップのある子が集団の中で穏やかに過ごすためには、安心できる環境を整えることが大切です。

会話がうまくできないことで、おともだちから仲間はずれにされたり、からかいやいじめの対象になってしまったりすることがあります。また、当たり前にみんながわかっていることやルールも、１人だけ理解できていないかもしれません。

知っておいてほしいことは、確実に伝わっているかどうか、事あるごとに確認しましょう。何かを伝えたりするときは「シンプルに」「わかりやすく」が原則。言葉だけでなく、絵や写真などで示すとより効果的です。

3 わかりやすい言葉かけで、伝える・聞く力をはぐくむ

わかりやすい言葉がけを心がけることで、「先生の言うことを聞いて、活動に参加できた」というプラスの経験を増やしていきます。また、小さな意思表示でも見逃さず「楽しかったんだね」「悲しかったんだね」と、言葉にして返すことで「自分の気持ちが伝えられて、嬉しかった」という経験になります。

小さなコミュニケーションの繰り返しが、人と関わりたいという意欲をはぐくみます。

4 課題や活動への参加は、スモールステップで

活動にうまく参加できない場合は、内容がその子に合っているのか見直します。例えば、お絵描きは塗り絵を用意する、ダンスは決めのポーズだけ参加してもらうなど、興味をもって楽しく取り組める内容を考えます。また、着替えやお片づけなどできないことがある場合も、どこでつまずいているのかを見極め、できることからやってもらうなど、スモールステップで取り組めることを増やします。

5 困ったときは、専門機関の力を借りる

身辺自立ができていない子や、集団行動が苦手な子がいると、毎日が小さなトラブルの連続で、園の先生も疲弊(ひへい)してしまいます。

自分たちだけでのサポートが難しい場合は、専門機関の力を借りましょう。地域によっては心理職など専門家の巡回相談を実施しているところもあります。こうした機関や専門家と連携体制を築いておくと安心です。

就学に向けて
専門家から保護者へのアドバイス

知的障害があっても、
地元の小学校には通えるのでしょうか。

どんな障害があったとしても、子どもには学ぶ権利があります。知的なハンディがある子の学びの場には、いくつか種類があって、手厚い支援を受けられる場や、通常の学級に在籍しつつ特性に合ったサポートを受けられる場も用意されています。

通級による指導

通常の学級に在籍しながら、専門性の高い別の場所（校外の場合もある）に定期的に通う。

特別支援教室

通常の学級に在籍しながら、校内の別の教室で専門性の高い学習指導や必要な支援を受ける。

特別支援学級

障害の比較的軽い子どものため、小・中学校に障害種別ごとに置かれる少人数（８人が上限）の学級。

特別支援学校

障害のある子どもの教育に特化した学校。

どこを選べばいいのでしょうか。
悩んでしまいます……。

就学先は、勉強についていけるのか、活動に参加できるのか、集団行動ができるのかなど、いくつかの観点から選ぶ必要があります。個別の指導が向いている子もいれば、集団での学びに向いている子もいて、サポート体制にも差があります。

そのため、**子ども１人ひとりの教育的ニーズに応じた就学先を決めるために、就学相談**が行われています。自治体によってシステムは違いますが、**ほとんどの場合は保護者の申し込みにより、検査や面接を行い、結果に基づいて就学先を判定**します。参考にしてみてください。

もし地元の小学校に入学した場合、
授業についていけるのか心配です。

日本では、同じレベル、同じ分量の内容を多くの子どもが同じスピードで学ぶ体制を取っています。知的障害があって、学ぶスピードや一度に学べる分量がほかの子どもとちがう場合、学習が積み重ねられないまま学年が進んでしまうリスクがあります。

正確な情報を得て、各学校を比較検討し、お子さんがきちんと学習を積み重ねられるところを選ぶことをおすすめします。

学校を選ぶときのポイントがあれば、
教えてください。

実際に学校に行き、授業の様子、教員の関わり方、教室の環境などをチェックしてみましょう。特に子どもたちの表情（生き生きしているか）や、校内の雰囲気（楽しく明るい様子か）は重要なポイントです。ただし、学校の雰囲気は、その年に入学してくる生徒や、担任の先生、学校長の方針などにより変わるので注意してください。

小学校入学に備えて、
特に気をつけなければいけないことがありますか。

何よりも大切なのは、その子が入学を楽しみにし、意欲をもって学校に通えることです。「大丈夫かな」と不安になる気持ちはわかりますが、周りの大人は心配しすぎないようにしてください。「広い校庭があるんだよ」「ウサギがいるよ」など、入学が楽しみになるような、前向きな情報を伝えられるといいですね。

「そんなことでは学校に行けないよ」「勉強で苦労する」などの言葉は、もちろん禁句。「学校は怖いところ」という呪いをかけてしまいます。とにかく「備えあれば、憂いなし」なので、心配なことがあれば園の先生に相談したり、入学先の学校と連絡を取り合い、できるだけ安心して入学できるように準備しておきましょう。

家庭と保育園・幼稚園に向けた、参考になる本のリスト

知的障害のことがよくわかる本
有馬正高 監修（講談社）

知的障害や発達障害のある人とのコミュニケーションのトリセツ
坂井聡 著（エンパワメント研究所）

発達と障害を考える本⑥
ふしぎだね!? 知的障害のおともだち
原仁 監修（ミネルヴァ書房）

知的障害の子どものできることを伸ばそう！
向後利昭 監修（日東書院本社）

マンガでわかる 境界知能とグレーゾーンの子どもたち
宮口幸治 著／佐々木昭后 作画（扶桑社）

こうすればうまくいく！ 知的障害のある子どもの保育
徳田克己 監修／水野智美・西村実穂 著（中央法規出版）

知的障害/発達障害のある子の育て方
徳田克己・水野智美 監修（講談社）

新装版「育てにくい子」と感じたときに読む本
佐々木正美 著（主婦の友社）

この子はこの子のままでいいと思える本
佐々木正美 著（主婦の友社）

発達障害とその子「らしさ」●児童精神科医が出会った子どもたち
田中哲 著（いのちのことば社）

アスペルガー症候群を知っていますか？
内山登紀夫 監修・著（東京都自閉症協会）

あの子の発達障害がわかる本①
ちょっとふしぎ 自閉スペクトラム症 ASDのおともだち
内山登紀夫 監修（ミネルヴァ書房）

「発達障害」だけで子どもを見ないで●その子の「不可解」を理解する
田中康雄 著（SBクリエイティブ）

発達障害の再考
田中康雄・井桁容子ほか 著（風鳴舎）

おわりに

周りの子と比べて、少しゆっくりと成長する子どもたち。幼児期にはその自覚がなく、自分が「劣(おと)っている」とも「恥ずかしい」とも思っていません。

ですが、成長するにつれ自信や意欲を失い、自分を卑下(ひげ)し、コンプレックスを抱くようになってしまうことがあります。

それは、世の中に「みんなと同じでなければならない」「同じペースで成長するのがノーマル」という価値観が溢れているから。

でも、本当に、その価値観は正しいのでしょうか。

人生を登山にたとえるなら、登っていく過程には、いろいろな楽しみ方があるはずです。

速さを競う人もいれば、ゆっくり登りながら景色を楽しむ人もいます。

あえて脇道を通る人や、危険な道を選んでチャレンジする人、道端で眼にした草花や生き物に魅了されて、少しずつ登っていく人もいるかもしれません。

知的なハンディをもっている子は、ゆっくりゆっくり山を登っていくタイプですが、その道のりにはきっと、かけがえのない発見があり、わくわくすることや、ハッピーなことがたくさん隠れているはず。

周りの大人が、一緒に楽しむ「余裕」をもつことができれば、今まで見たことがない、素敵な景色を見ることができるようになるかもしれません。

どんな個性があっても子どもたちが自信をもって、
のびのび生きていけるように、みんなで応援していきましょう！

監修者紹介

市川奈緒子（いちかわ　なおこ）

白梅学園大学子ども学部教授。東京大学大学院教育学研究科博士課程中途満期退学。教育学修士。専攻分野は、インクルーシブ保育における個別指導計画、保育者の専門性。臨床心理士・臨床発達心理士・公認心理師の有資格者であり、小平市の小中学校チーフ巡回相談員などを兼務する。主な著書に、『障害児保育』（ミネルヴァ書房／編著）、『発達が気になる子どもの療育・発達支援入門――目の前の子どもから学べる専門家を目指して』（金子書房／共編著）、『発達障害の子を育てる親の気持ちと向き合う』（金子書房／共著）、『気になる子の本当の発達支援』（風鳴舎／単著）などがある。

デザイン　大野ユウジ（co2design）
イラスト　藤井昌子
DTP　レオプロダクト
編集協力　尾崎ミオ（TIGRE）
企画編集　SIXEEDS

発達障害お悩み解決ブック⑤
家庭と保育園・幼稚園で知っておきたい
知的障害

2021年4月20日　初版第1刷発行　〈検印省略〉
定価はカバーに
表示しています

監修者　市川奈緒子
発行者　杉田啓三
印刷者　森元勝夫

発行所　株式会社　ミネルヴァ書房
607-8494 京都市山科区日ノ岡堤谷町1
電話 075-581-5191／振替 01020-0-8076

モリモト印刷

ISBN978-4-623-08894-2
Printed in Japan